09 Arya Bahram Art Photos Collection
100 Years Iran Photography

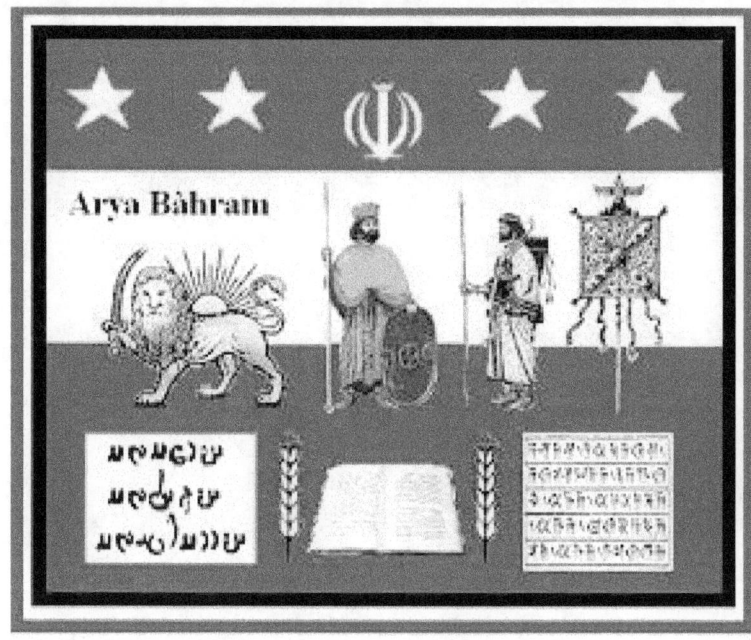

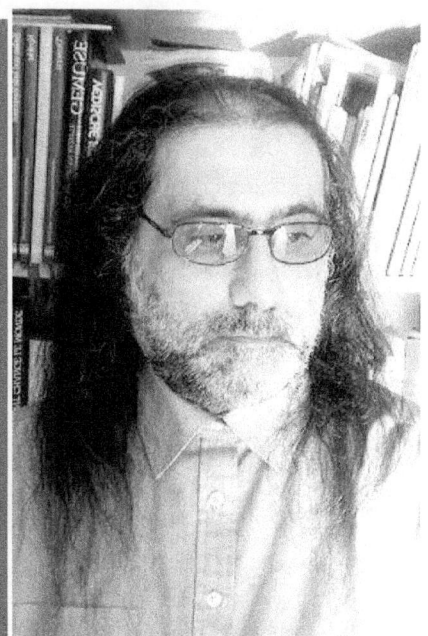

Musics for book - musiques pour livre - Musiken für Buch – آهنگها برای کتاب - Ahàng ha bàraye nibig ha

http://www.majidbahrambeiguy.at/my-foto-books---mes-livres-des-photos-.html
© Copyright 2016

Arya Bàhram (Majid Bàhram beiguy) , Österreich

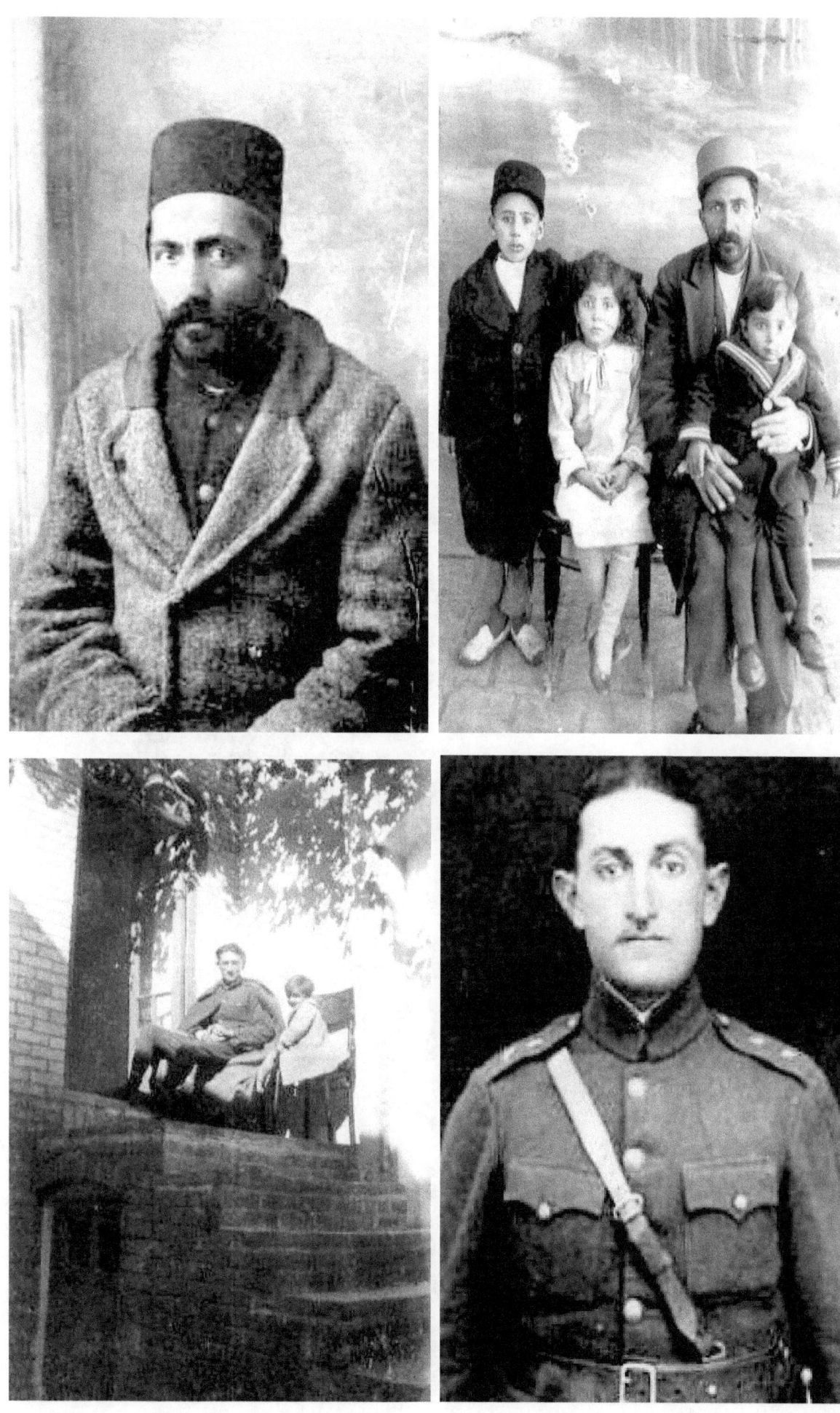

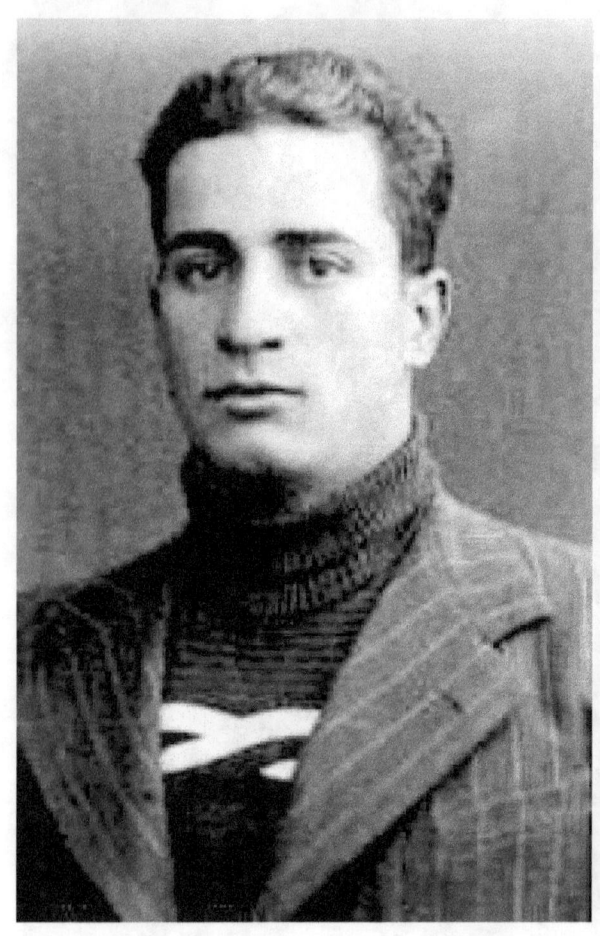
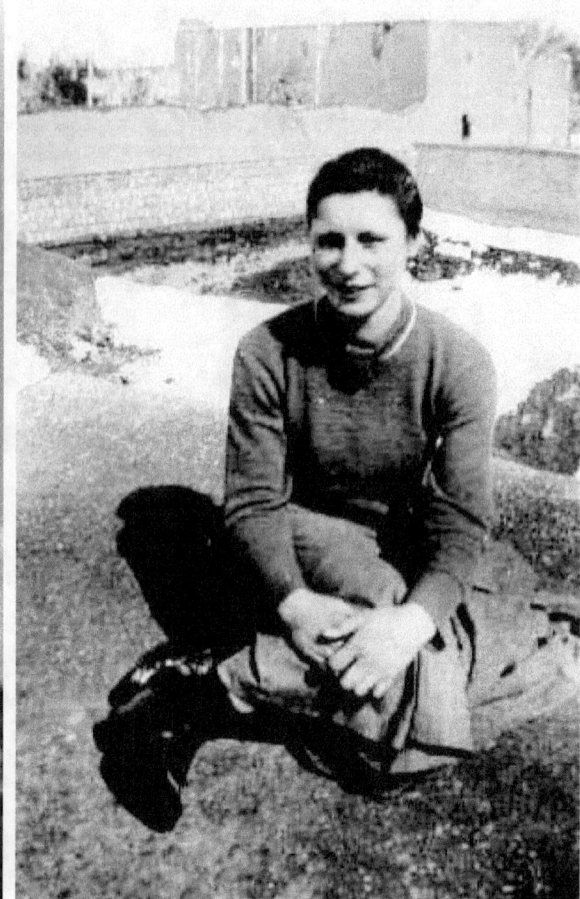
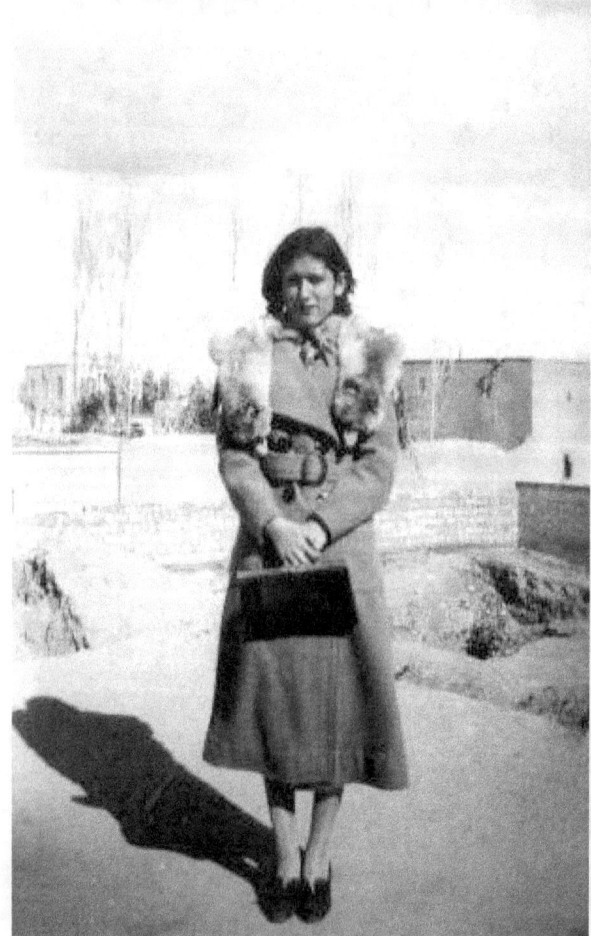
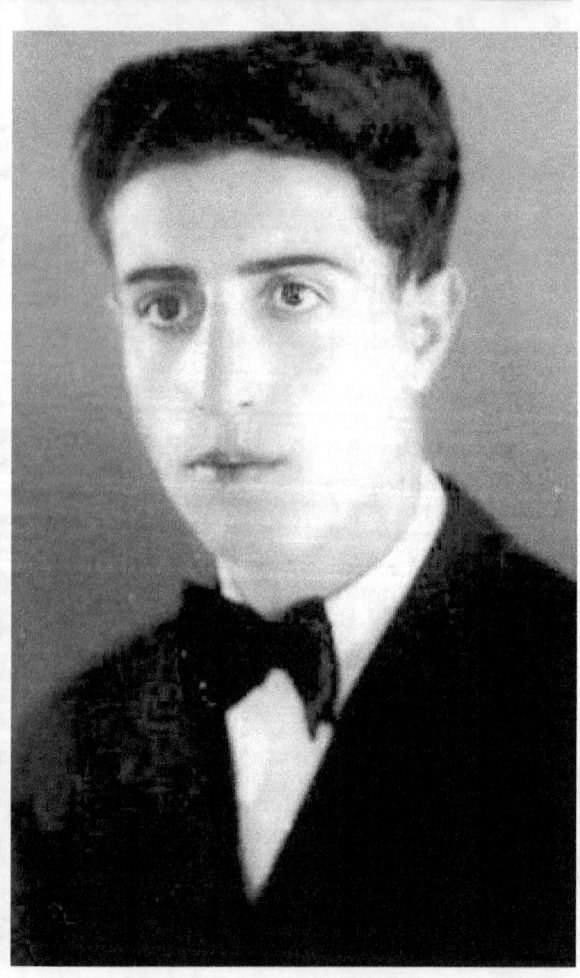

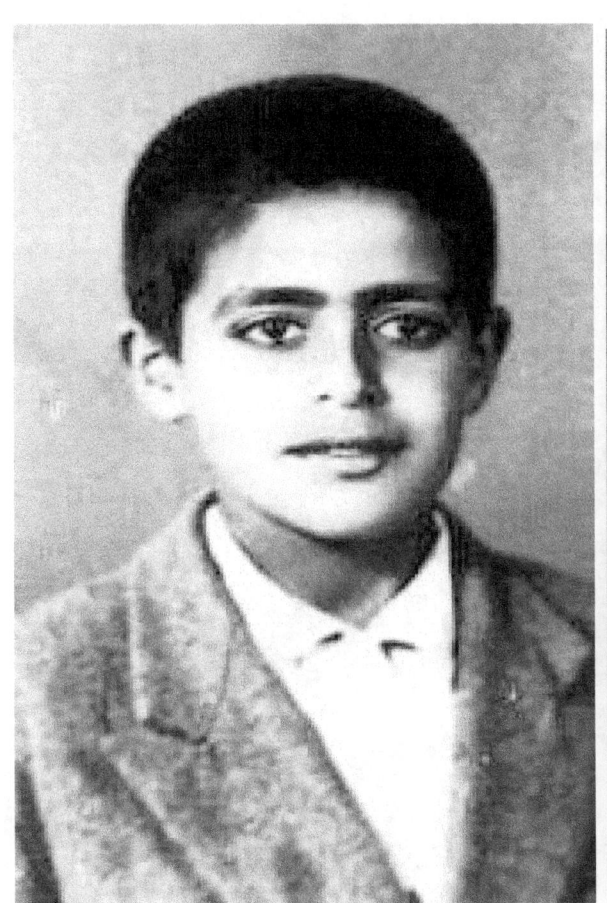
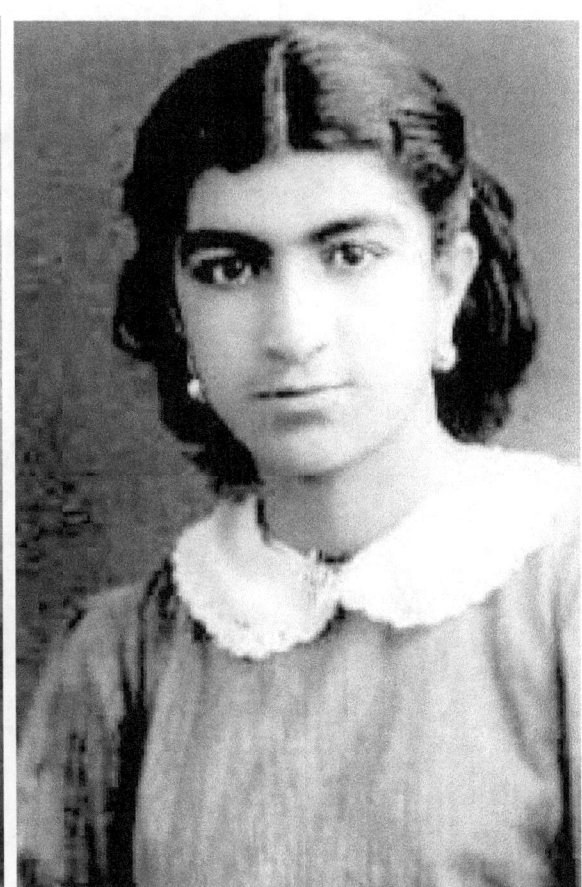
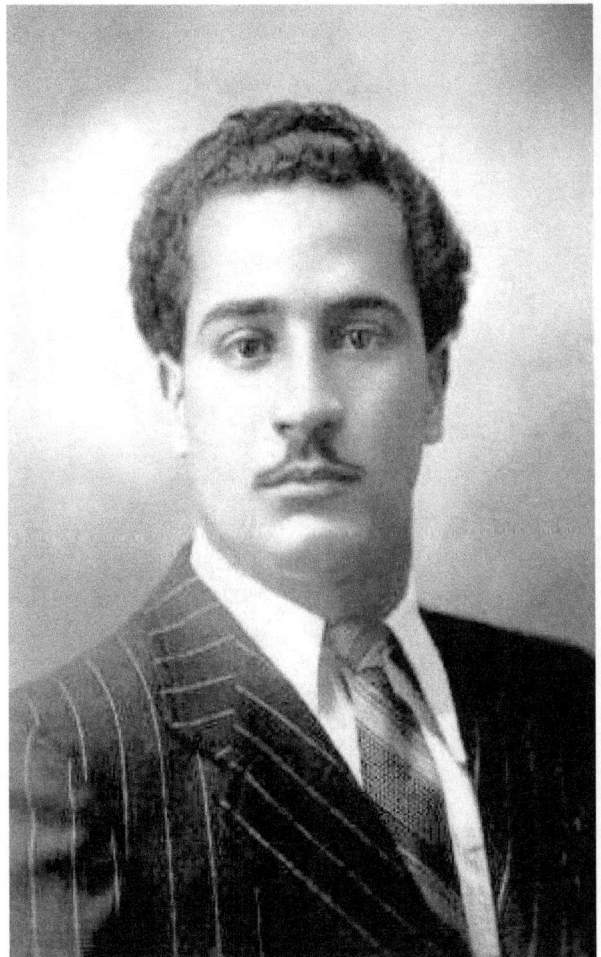
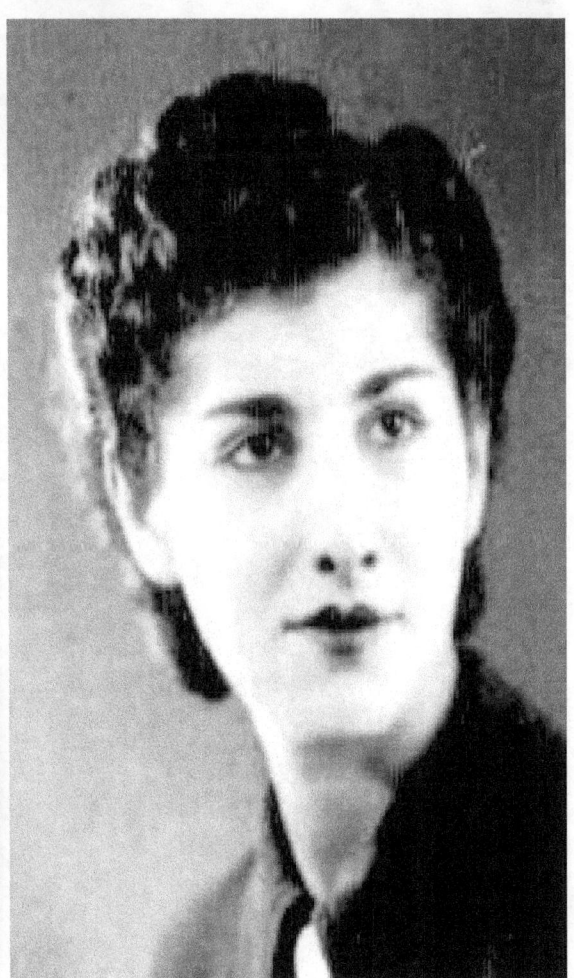

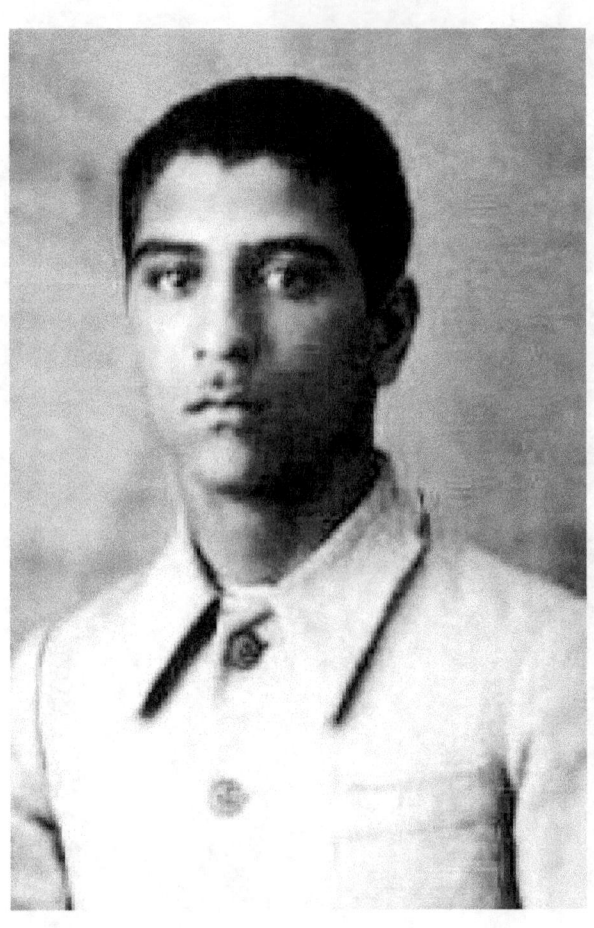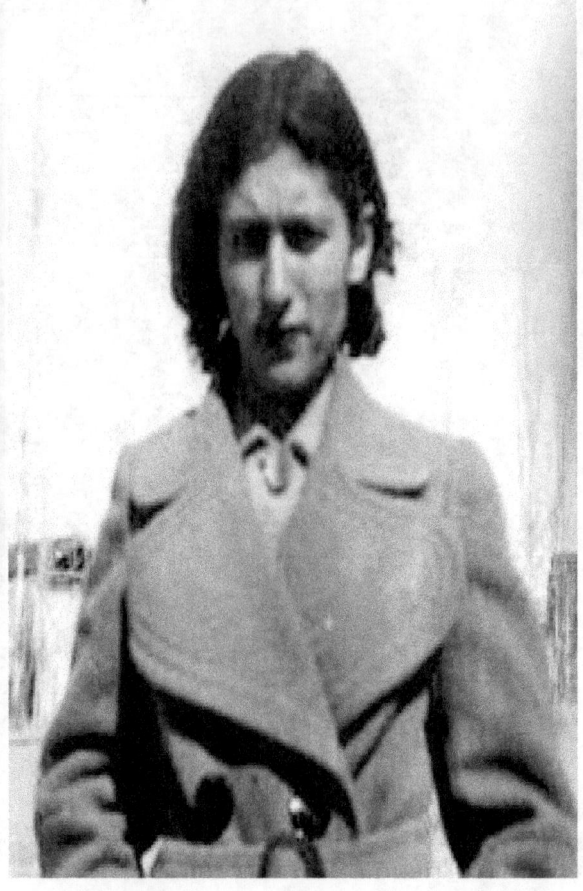
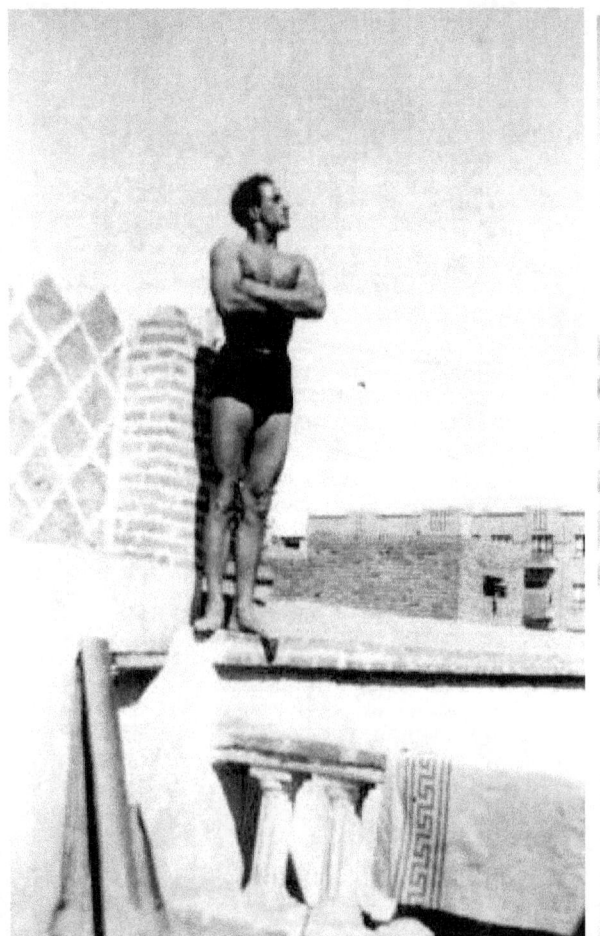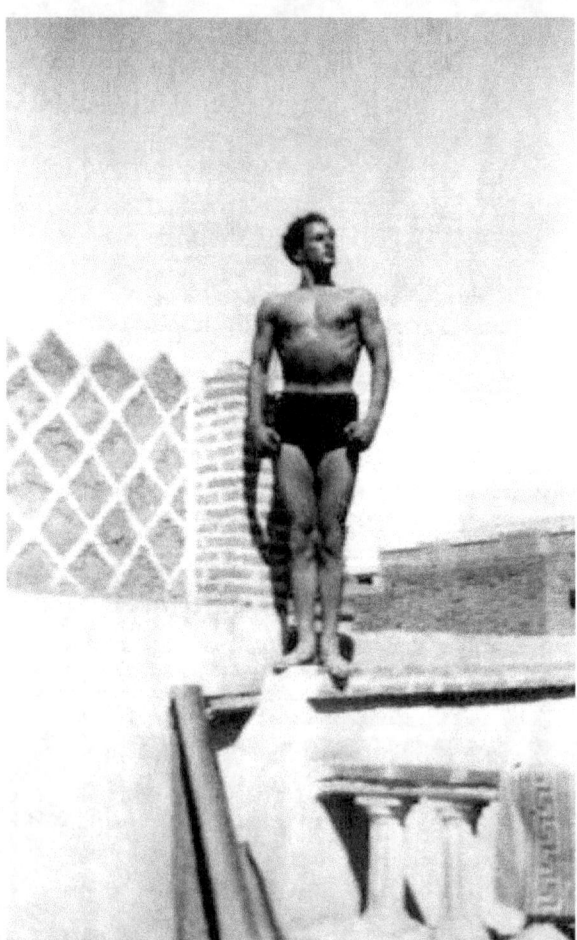

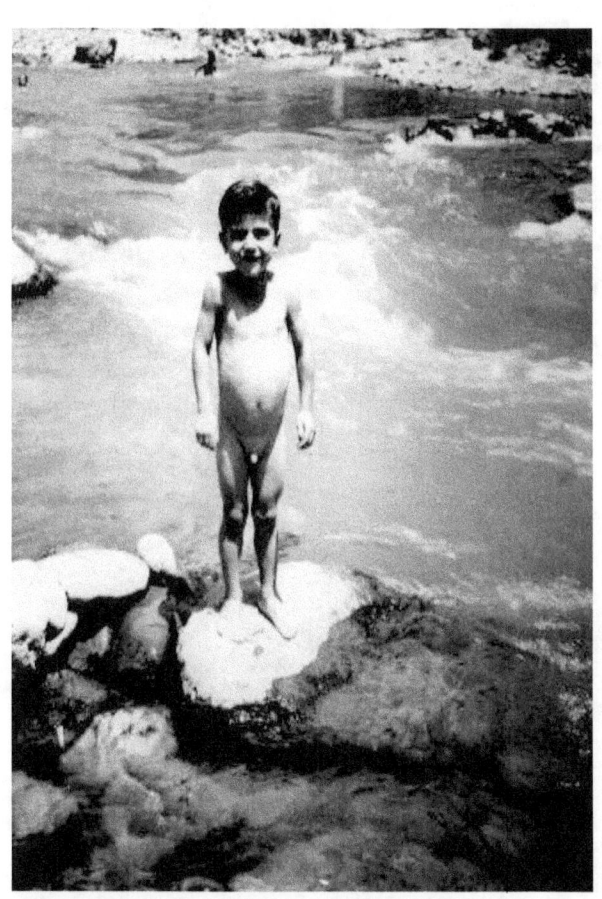
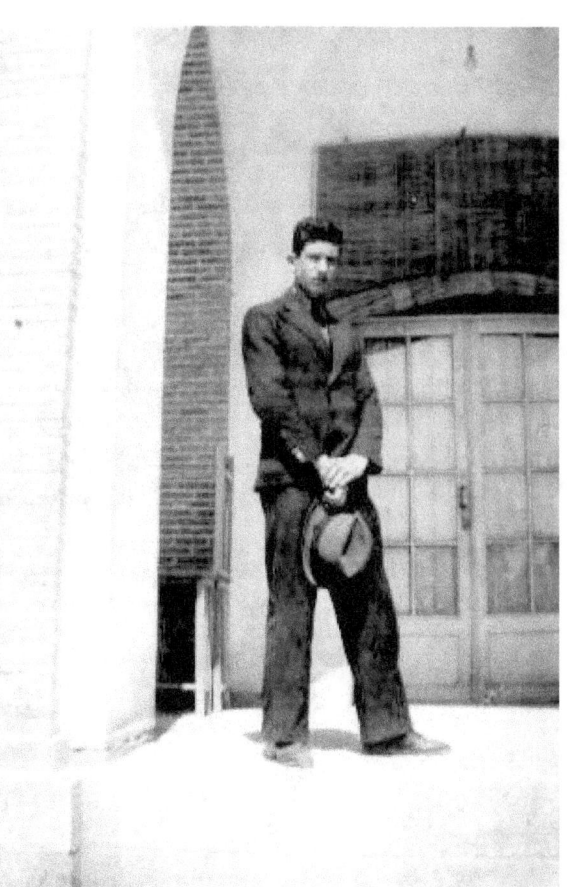
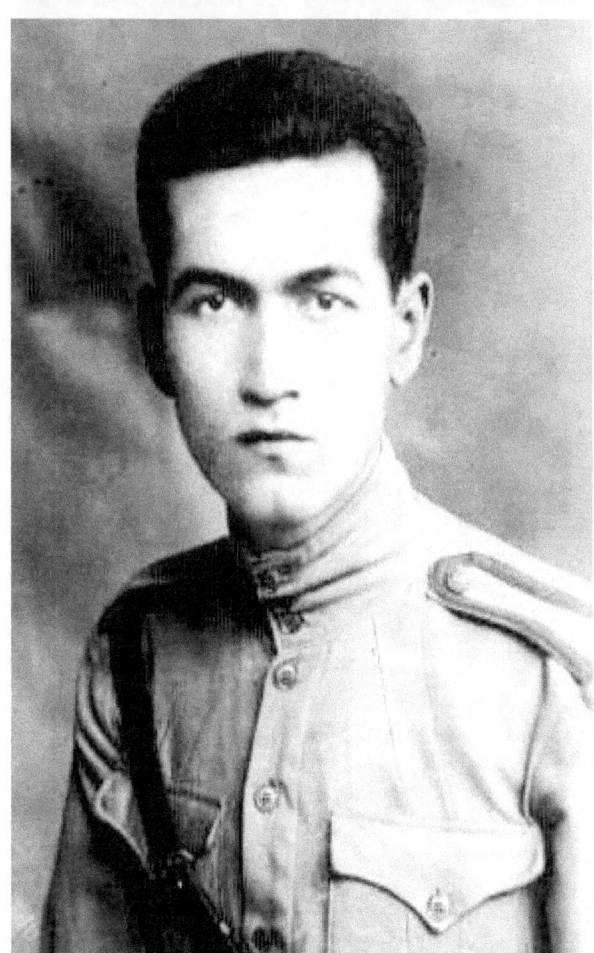
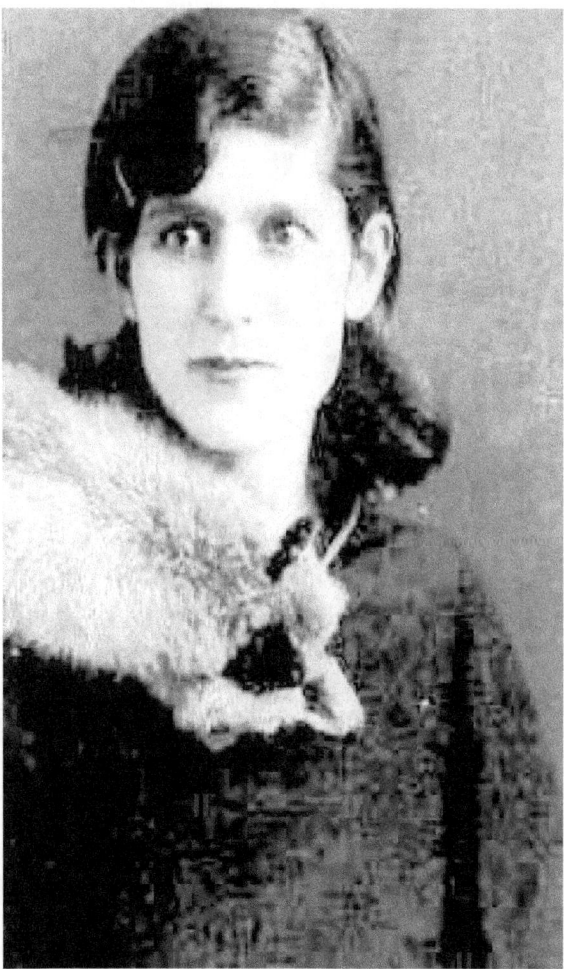

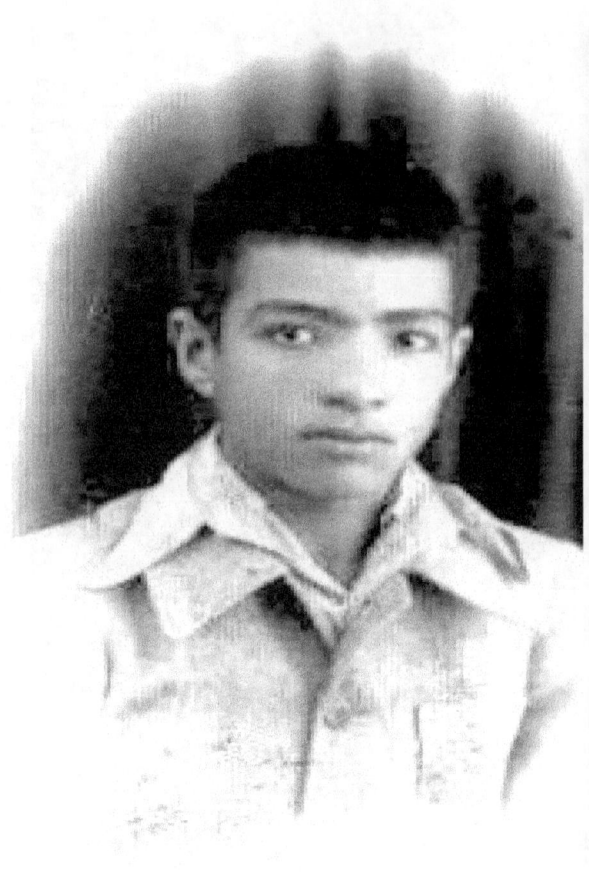
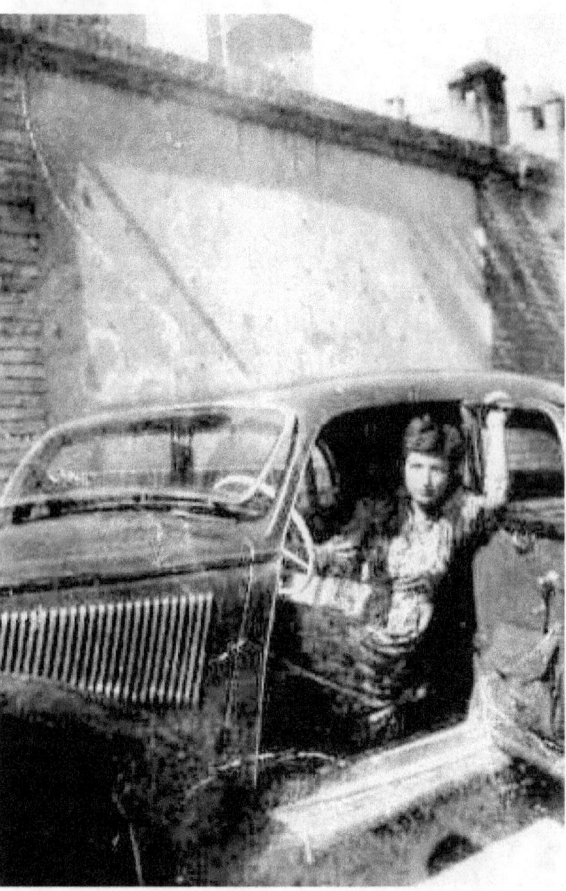
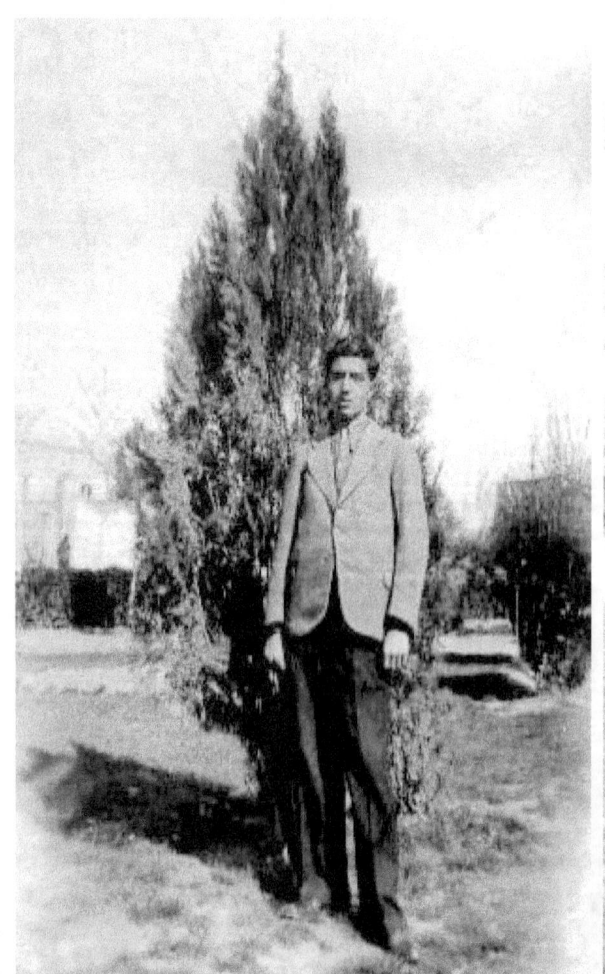
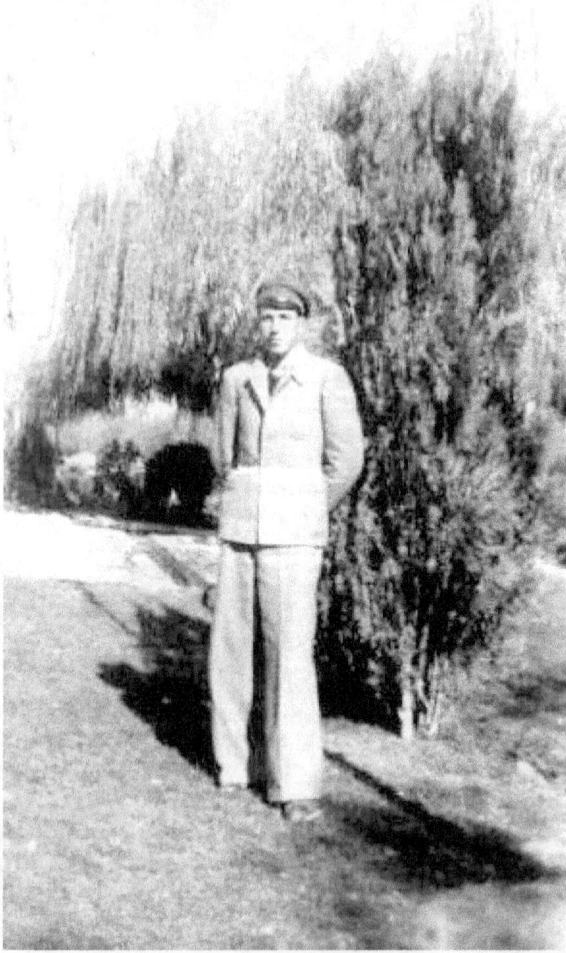

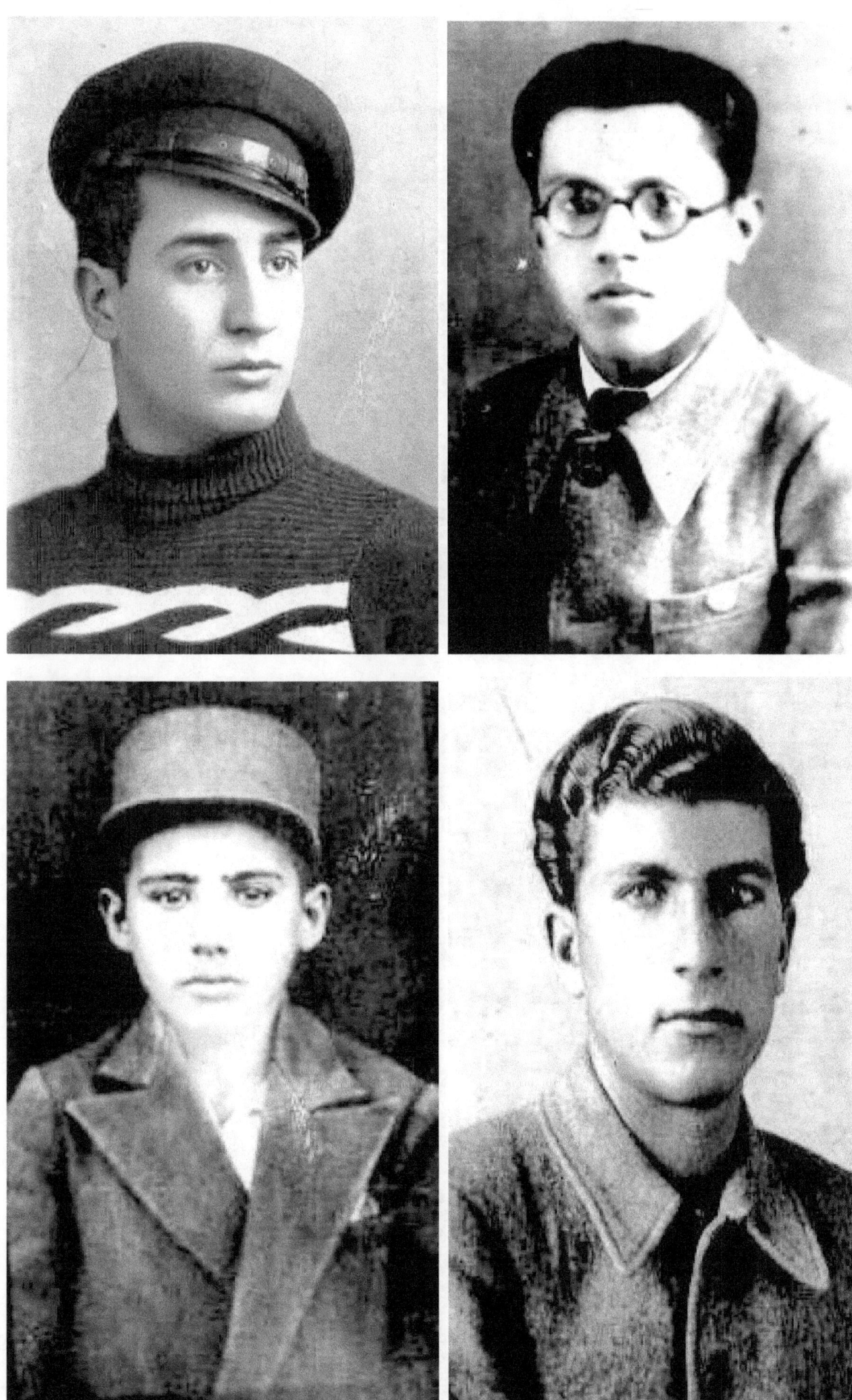

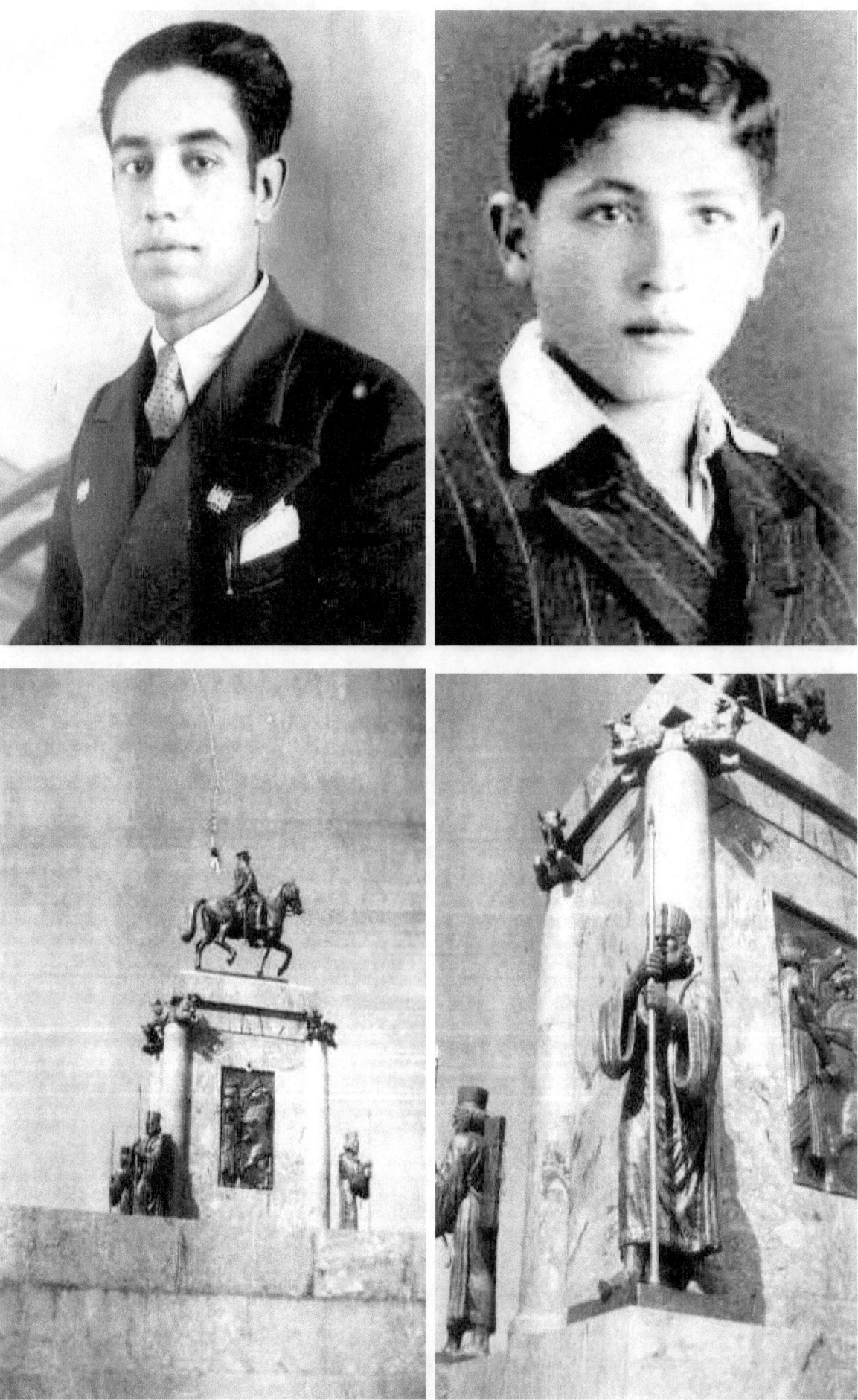

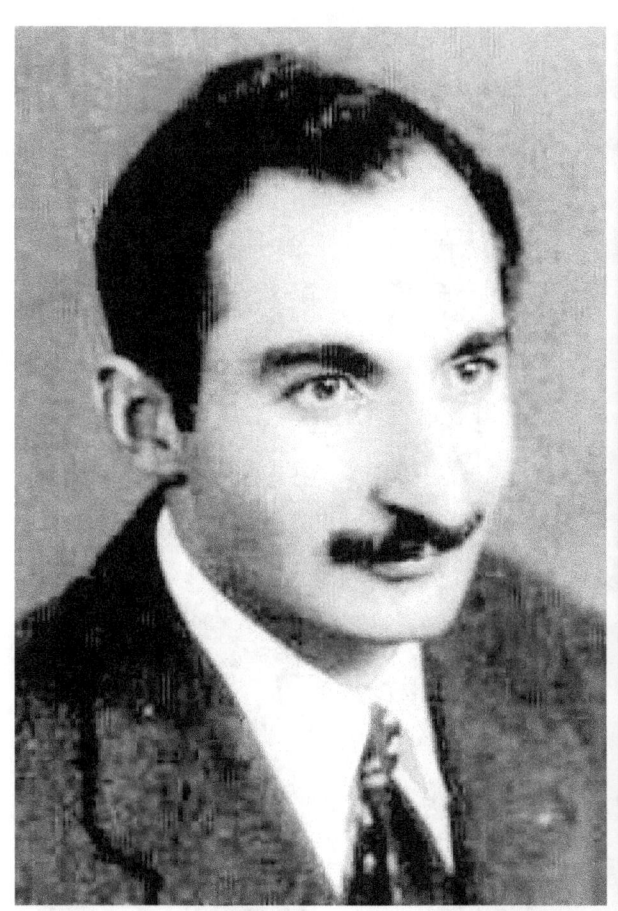
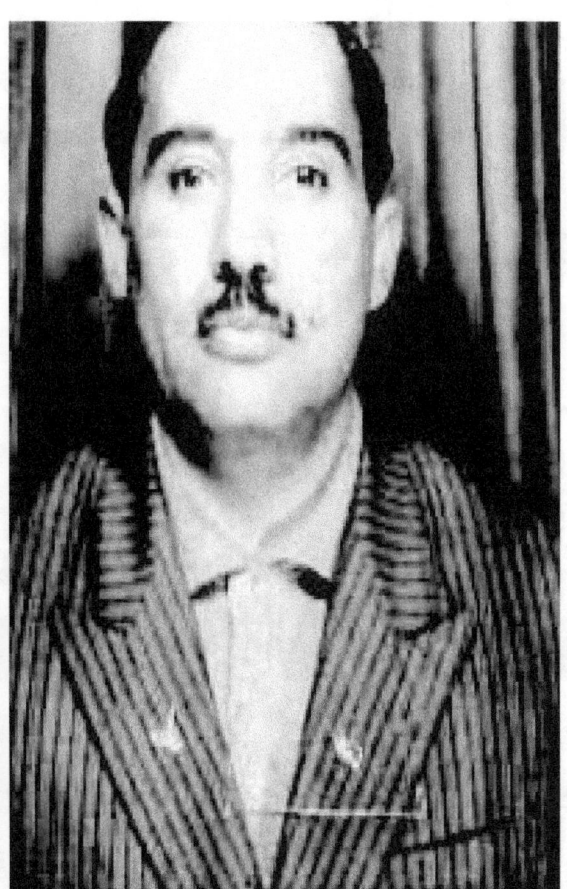
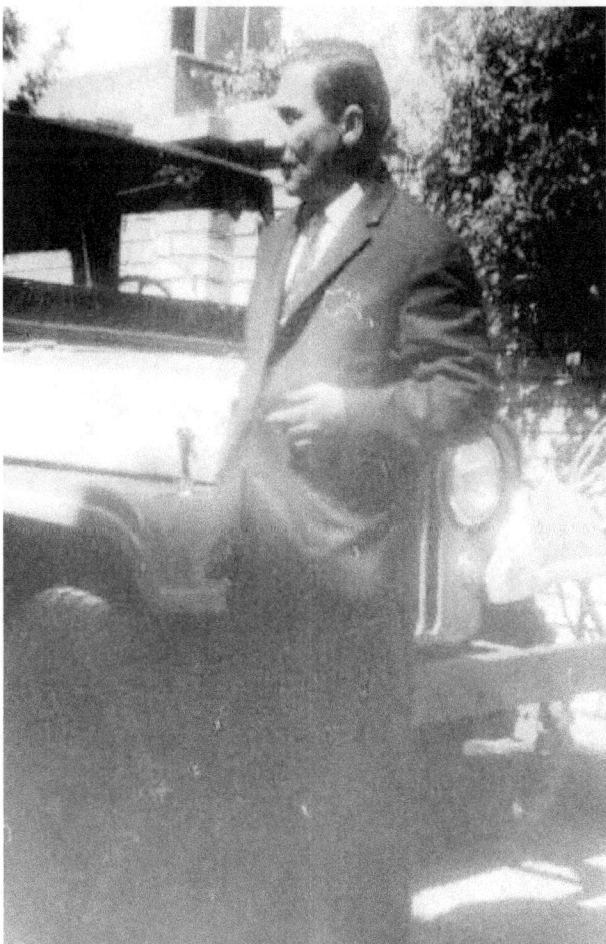
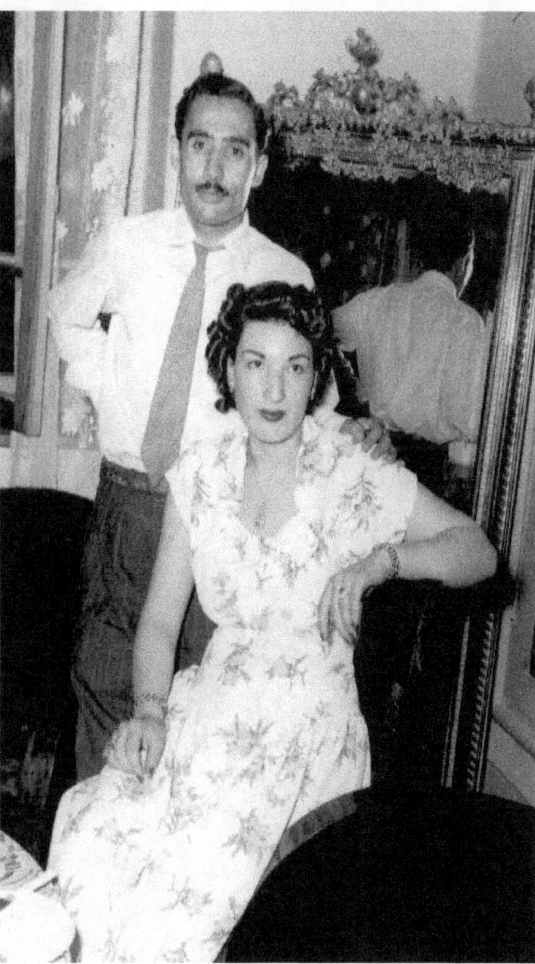

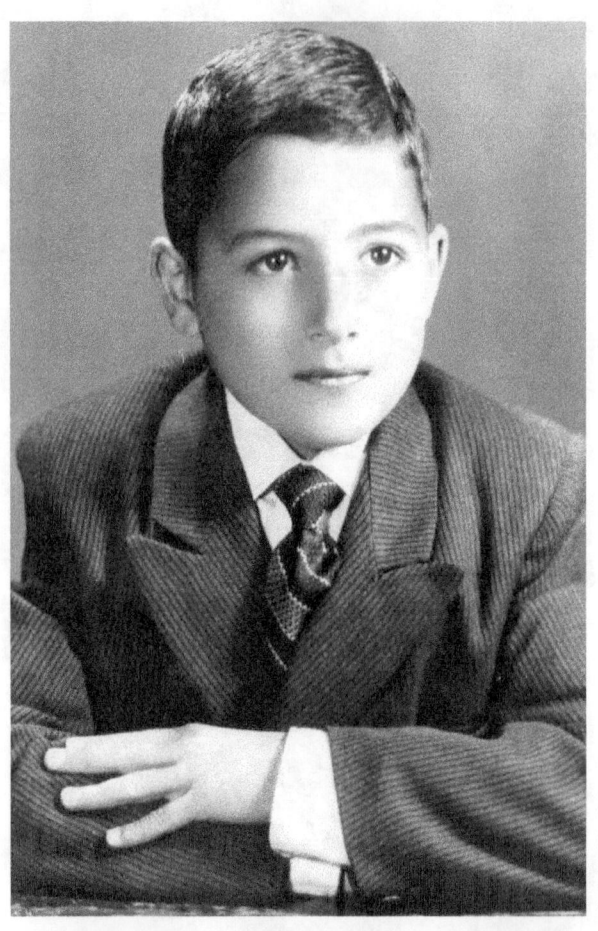
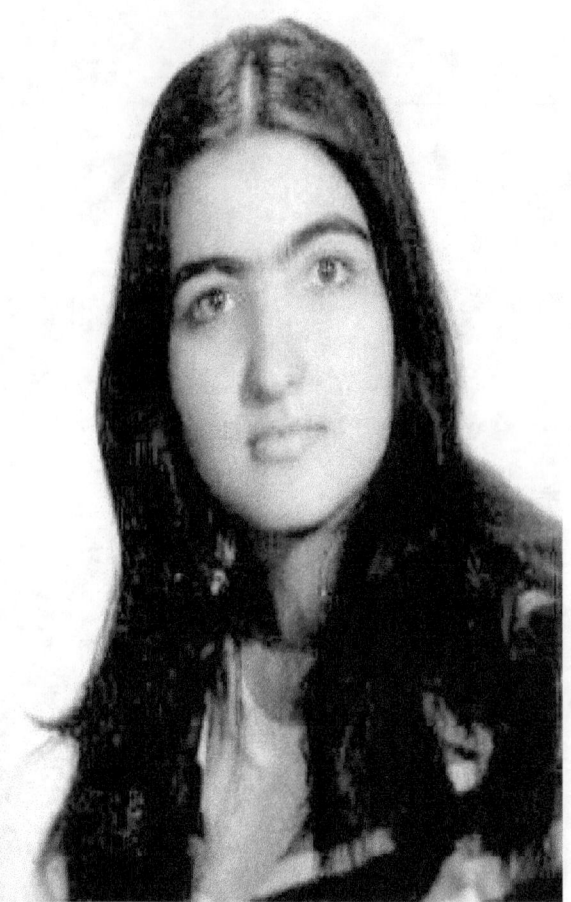
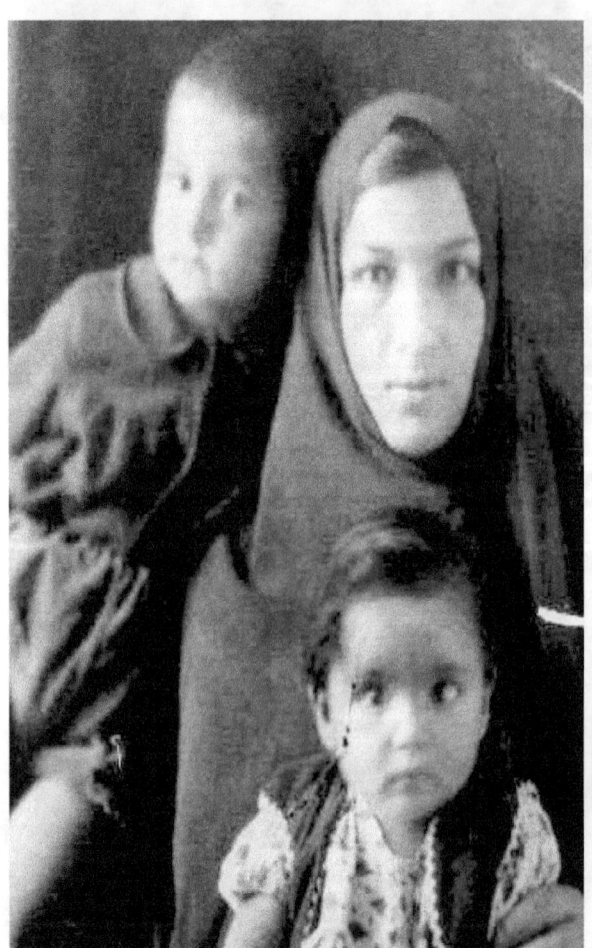
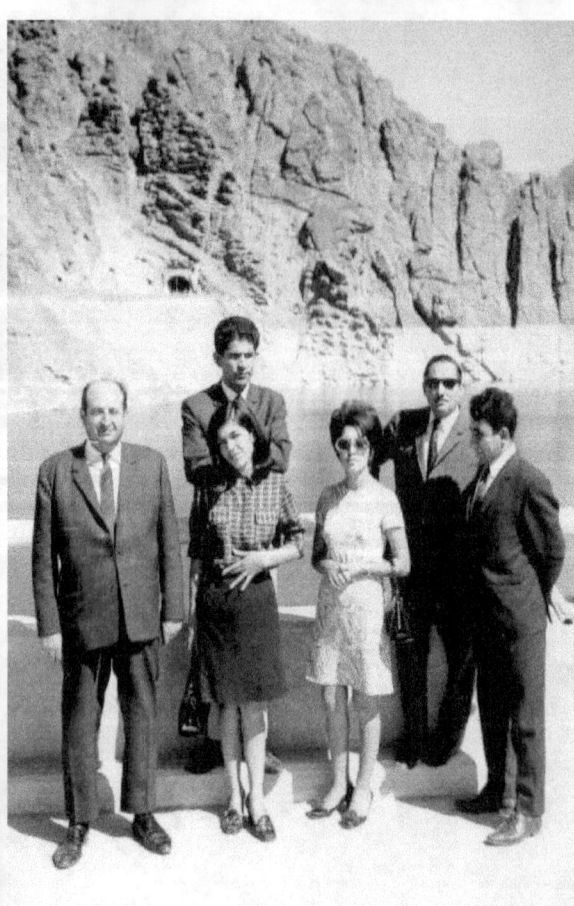

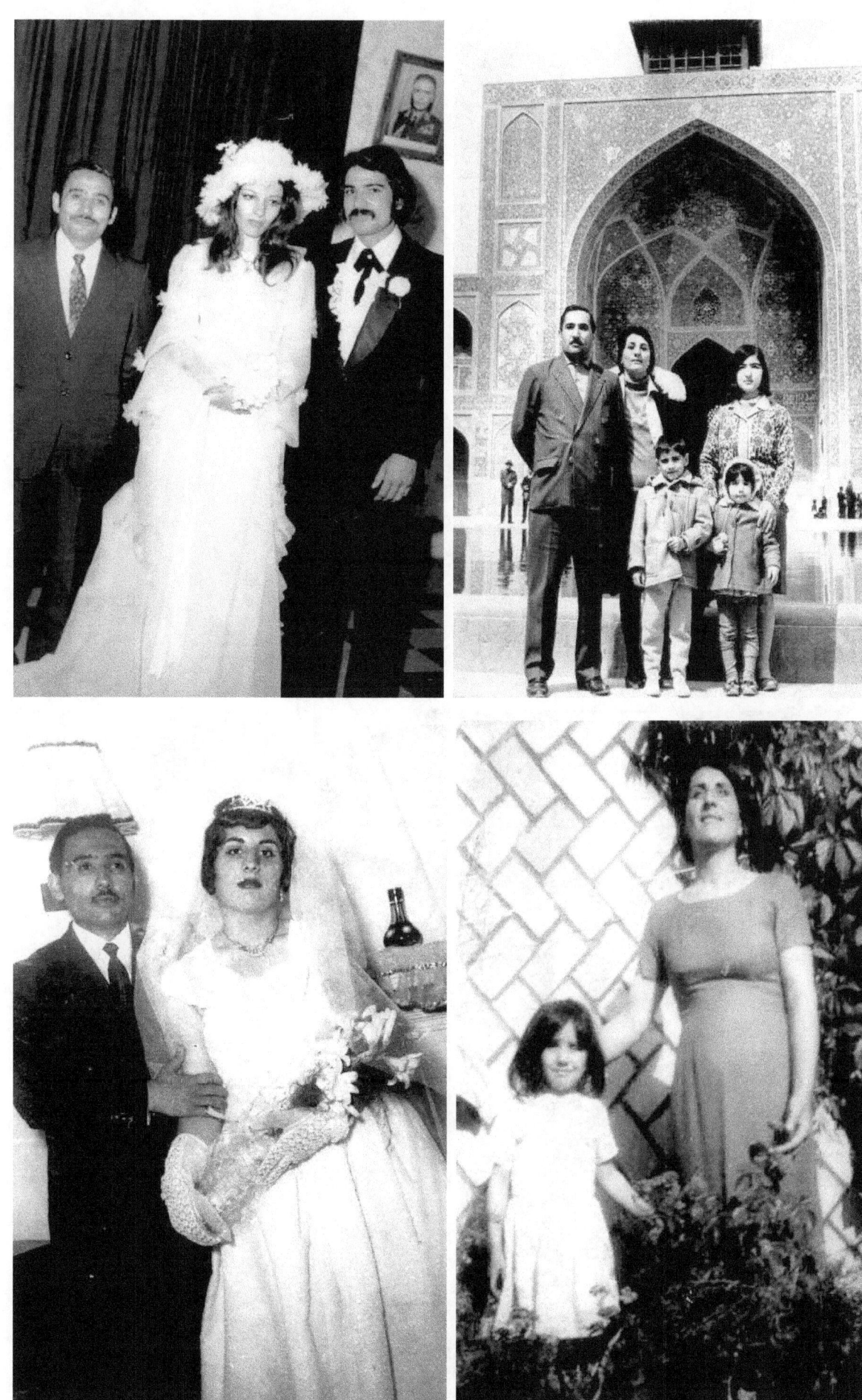

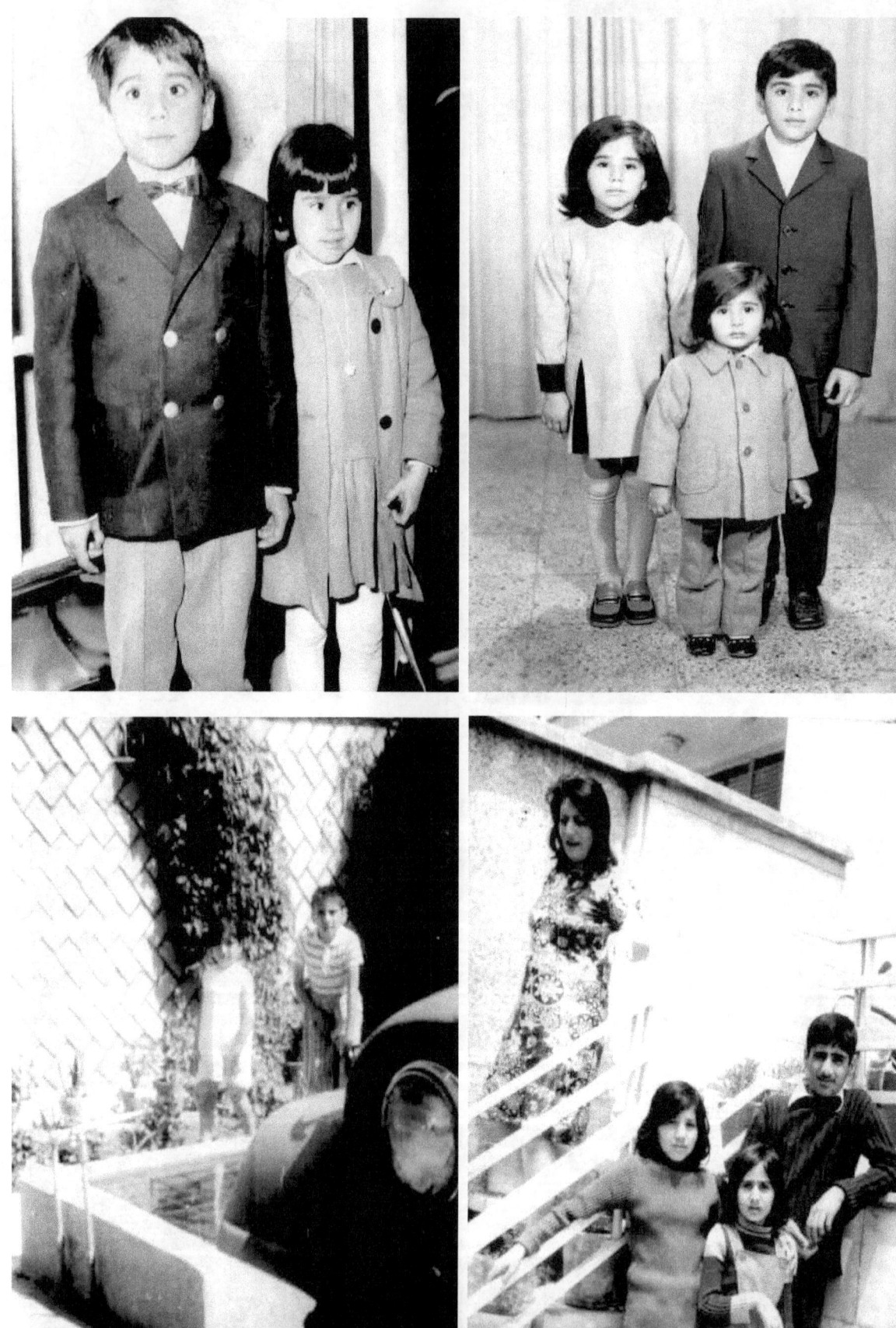

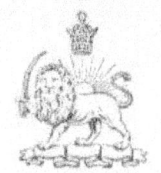

توانا بود هر که دانا بود

پروانهٔ ورود بجلسهٔ امتحان

حوزهٔ دبیرستان دیانت شهر

وزارت معارف

ادارهٔ تعلیمات مرکز و امتحانات

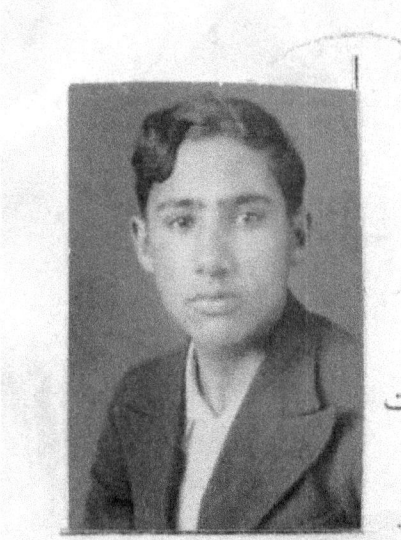

نمرهٔ داوطلب ۷۵

دارندهٔ پروانه میتواند در امتحانات دورهٔ (ابتدائی) شرکت نماید

تاریخ ۱۷/۳/۵

رئیس هیئت ممتحنهٔ دورهٔ ابتدائی طهران

تصدیق بیسیکلت

نمره ۱۴۸۳۴

تاریخ صدور ۲۵/۴/۱۵

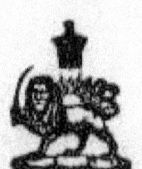

اداره کل شهربانی

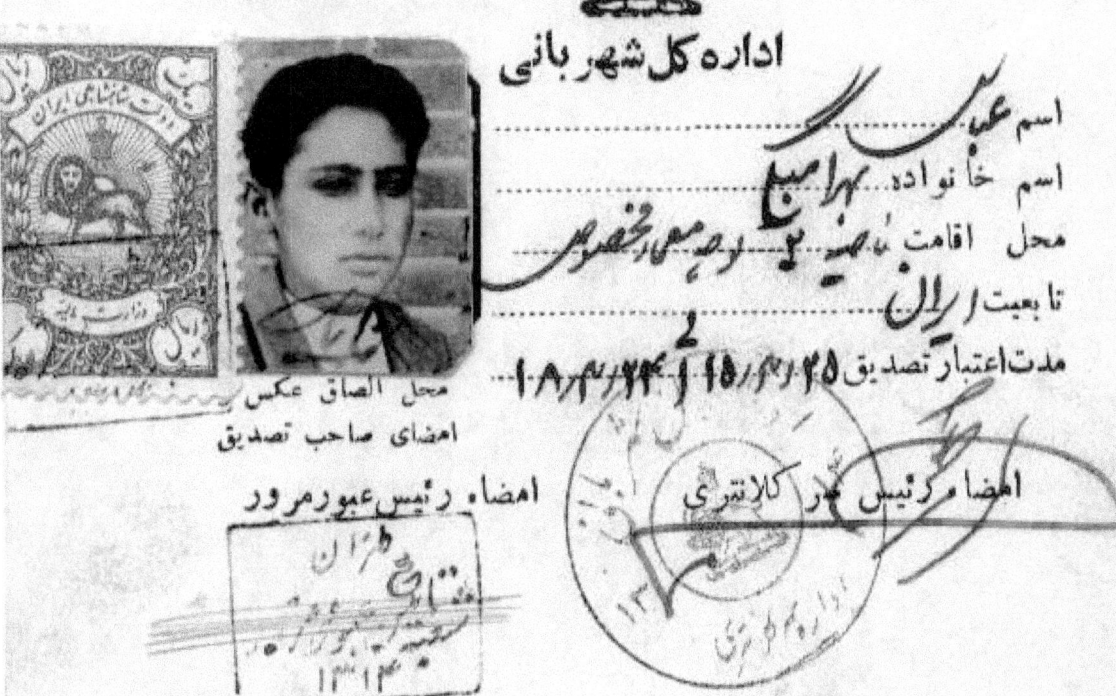

اسم علی

اسم خانواده بهرامیگ

محل اقامت ناصریه بین ابراهیم میدان مخصوص

تابعیت ایران

مدت اعتبار تصدیق ۲۵/۴/۱۵ الی ۲۲/۴/۱۸

امضاء رئیس شهر کلانتری

محل الصاق عکس

امضای صاحب تصدیق

امضاء رئیس عبور و مرور

طهران ۱۳۱۳

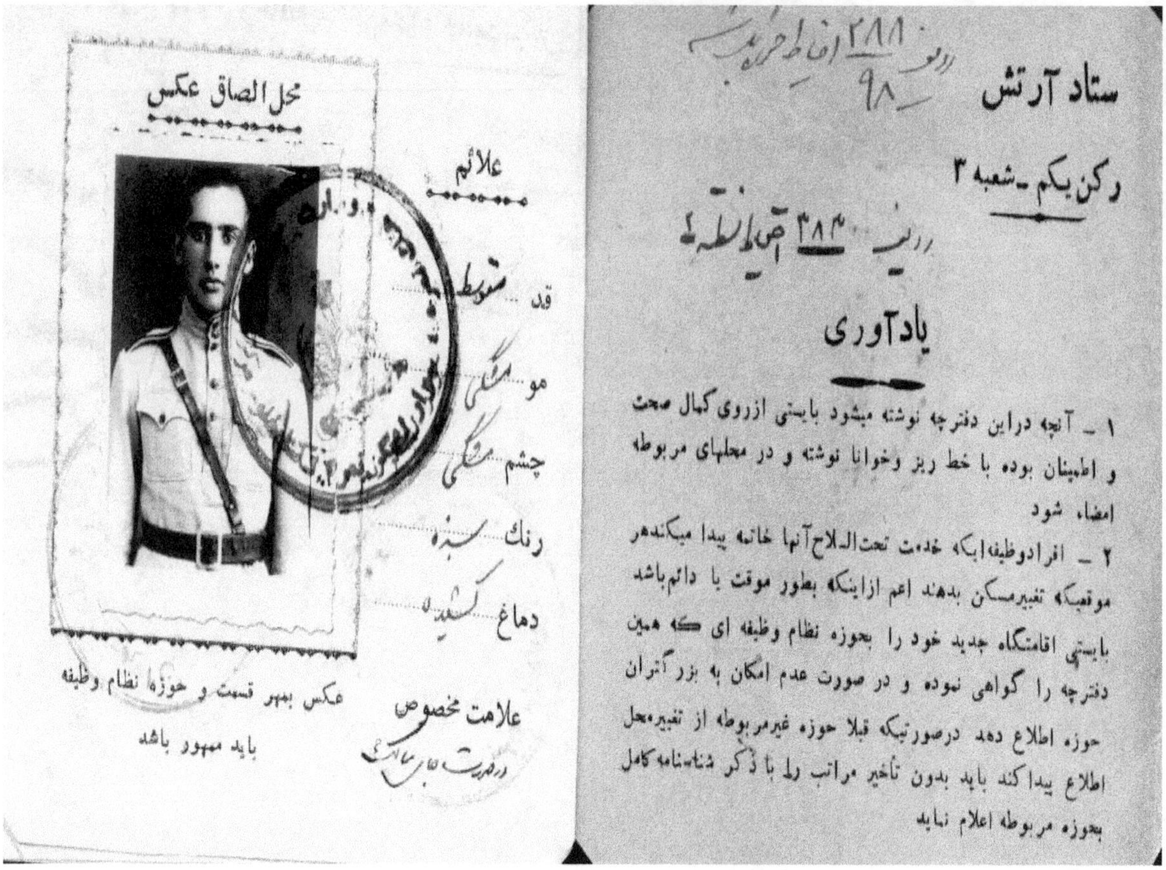

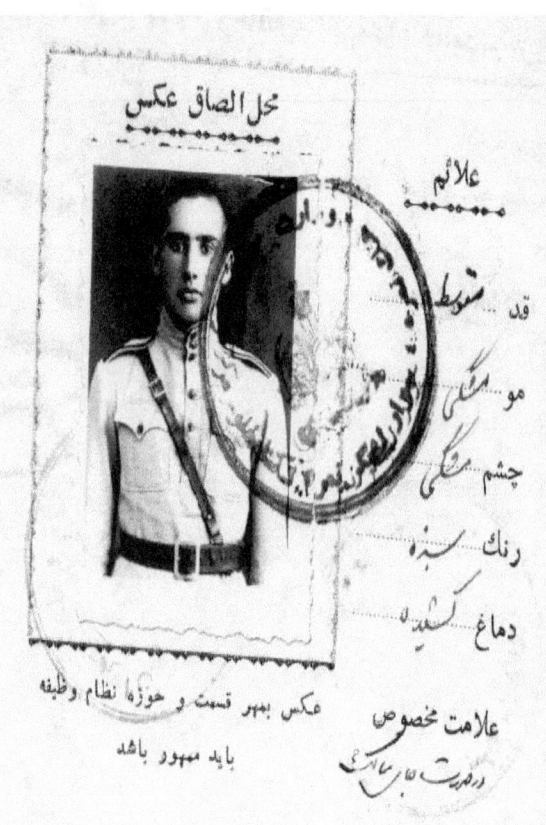

محل الصاق عکس

علائم

قد متوسط

مو مشکی

چشم مشکی

رنک سبزه

دماغ کشیده

علامت مخصوص

عکس بمهر قسمت و حوزه نظام وظیفه باید ممهور باشد

ستاد آرتش

رکن یکم ـ شعبه ۳

یادآوری

۱ ـ آنچه دراین دفترچه نوشته میشود بایستی ازروی کمال صحت و اطمینان بوده با خط ریز وخوانا نوشته و در محلهای مربوطه امضاء شود

۲ ـ افرادوظیفه ایکه خدمت تحت السلاح آنها خاتمه پیدا میکندهر موقعیکه تغییرمسکن بدهند اعم ازاینکه بطور موقت یا دائم باشد بایستی اقامتگاه جدید خود را بحوزه نظام وظیفه ای که همین دفترچه را گواهی نموده و در صورت عدم امکان به بزرگترین حوزه اطلاع دهد درصورتیکه قبلا حوزه غیرمربوطه از تغییرمحل اطلاع پیدا کند باید بدون تأخیر مراتب را با ذکر شناسنامه کامل بحوزه مربوطه اعلام نماید

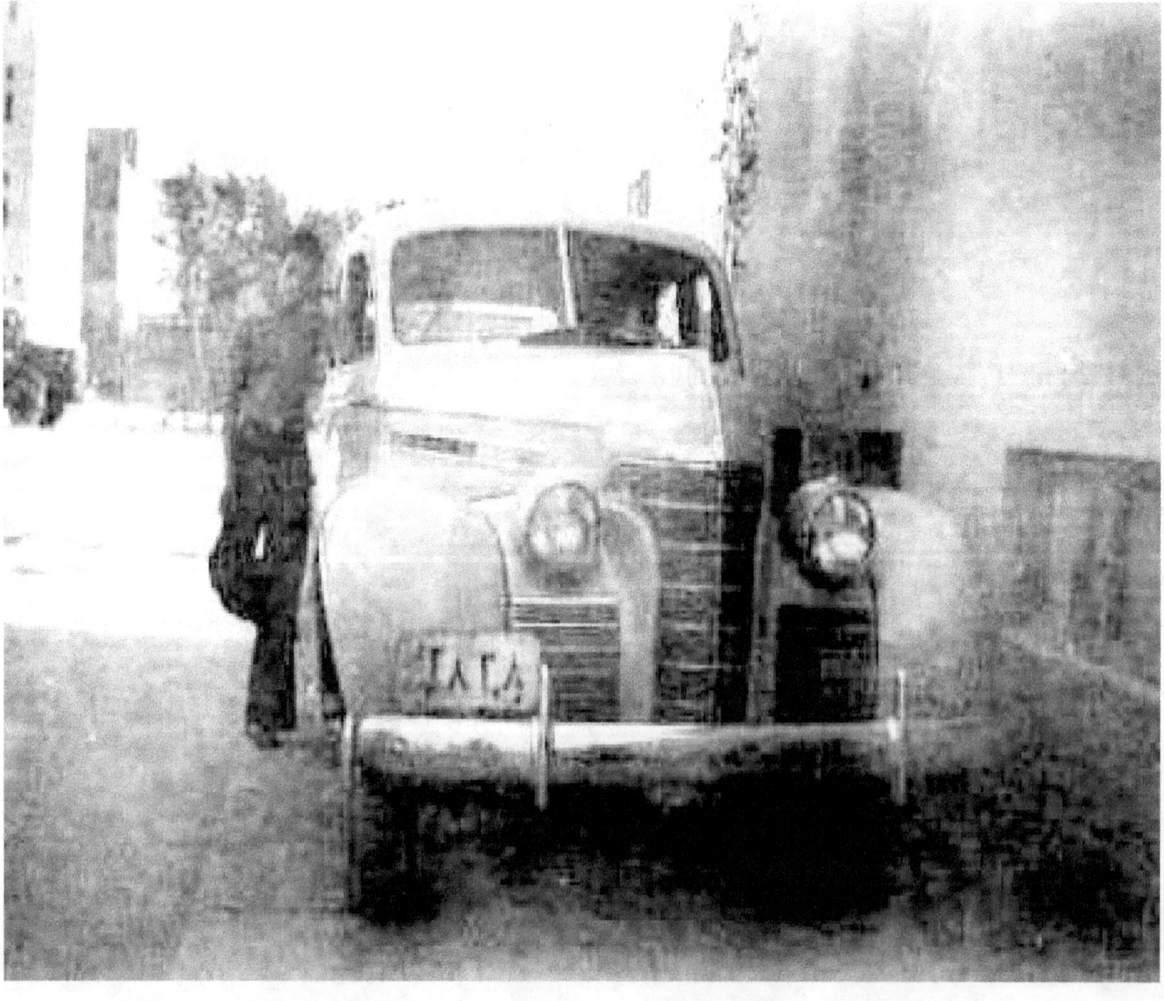

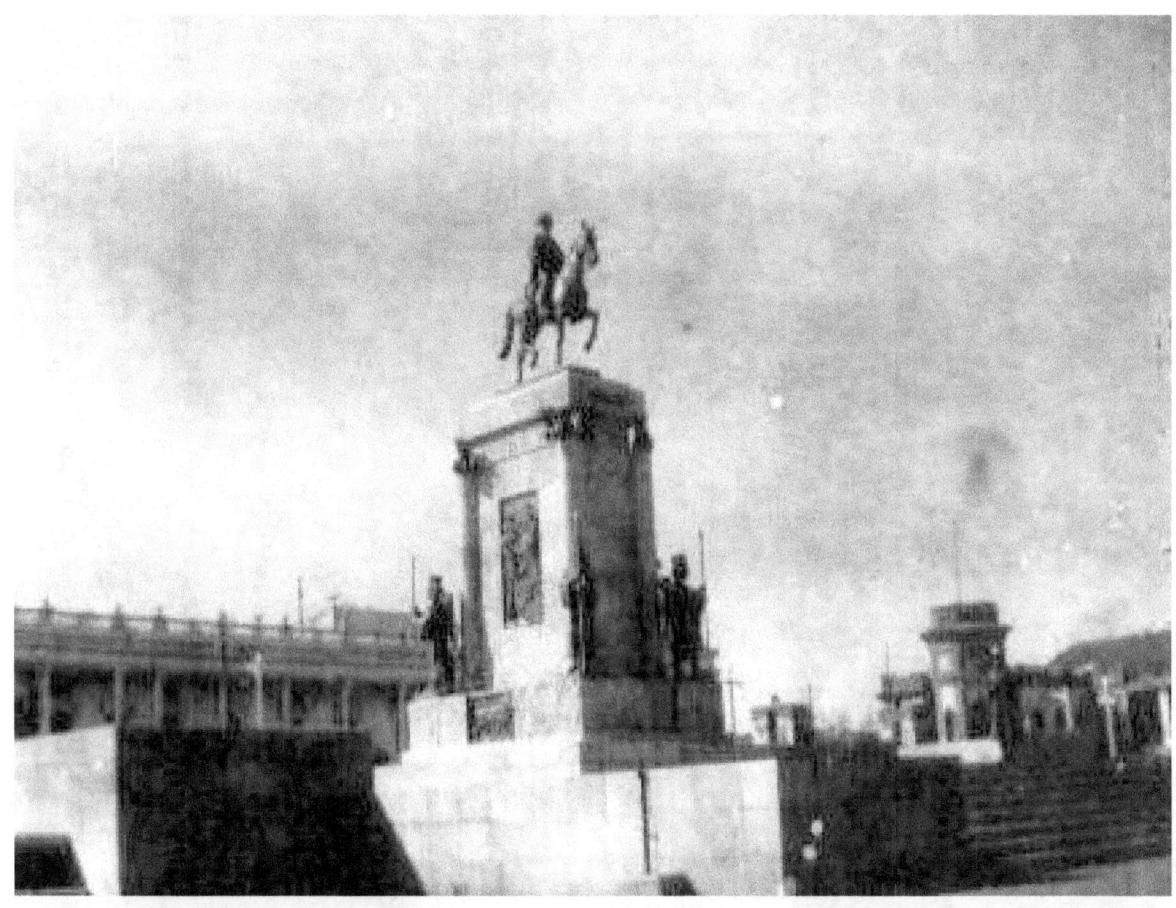

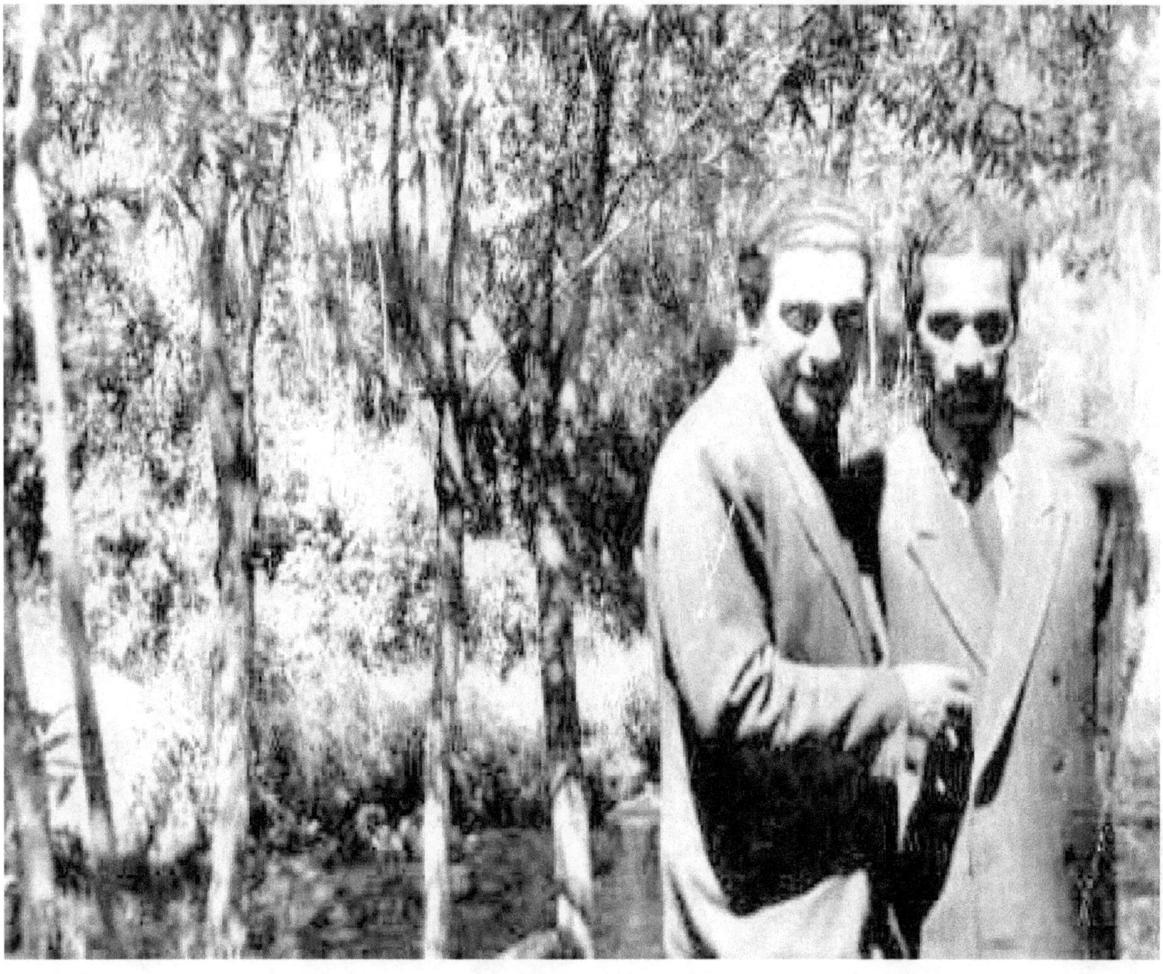

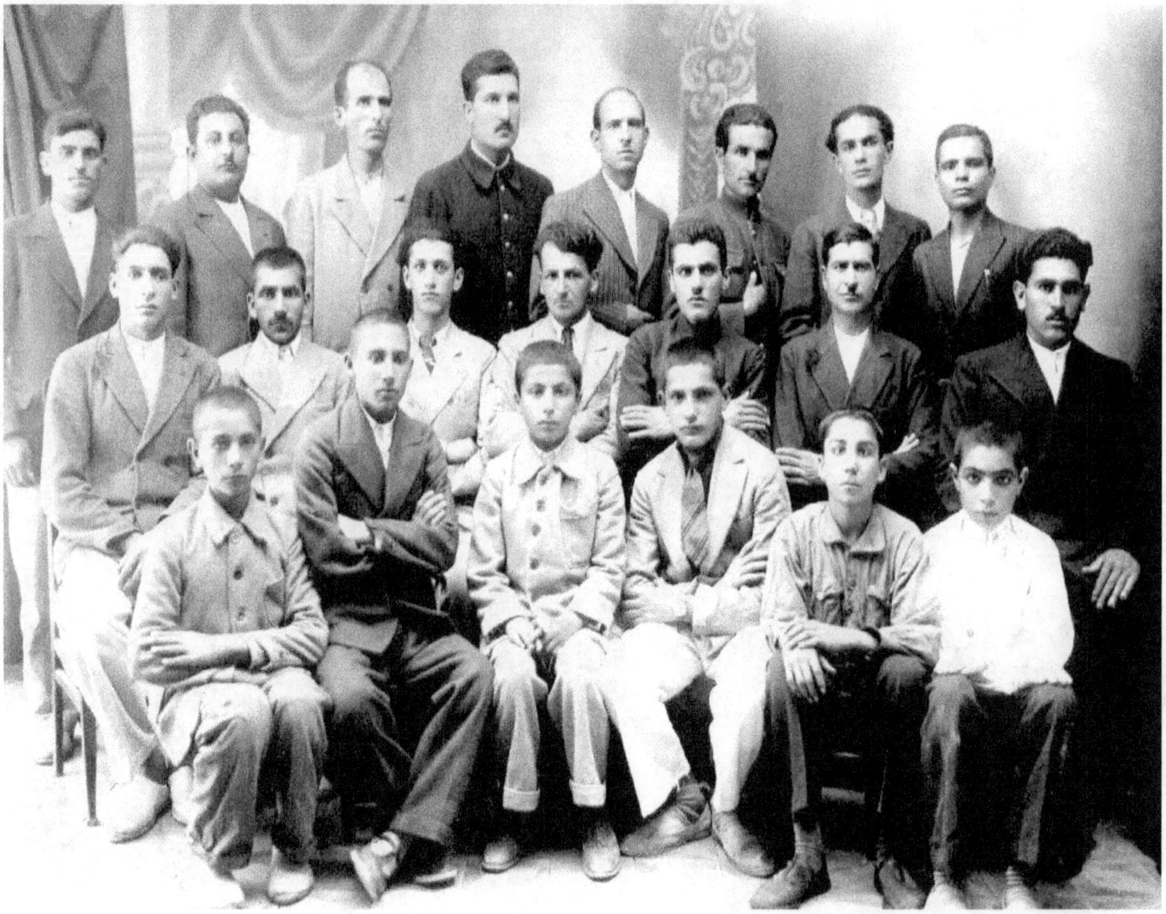

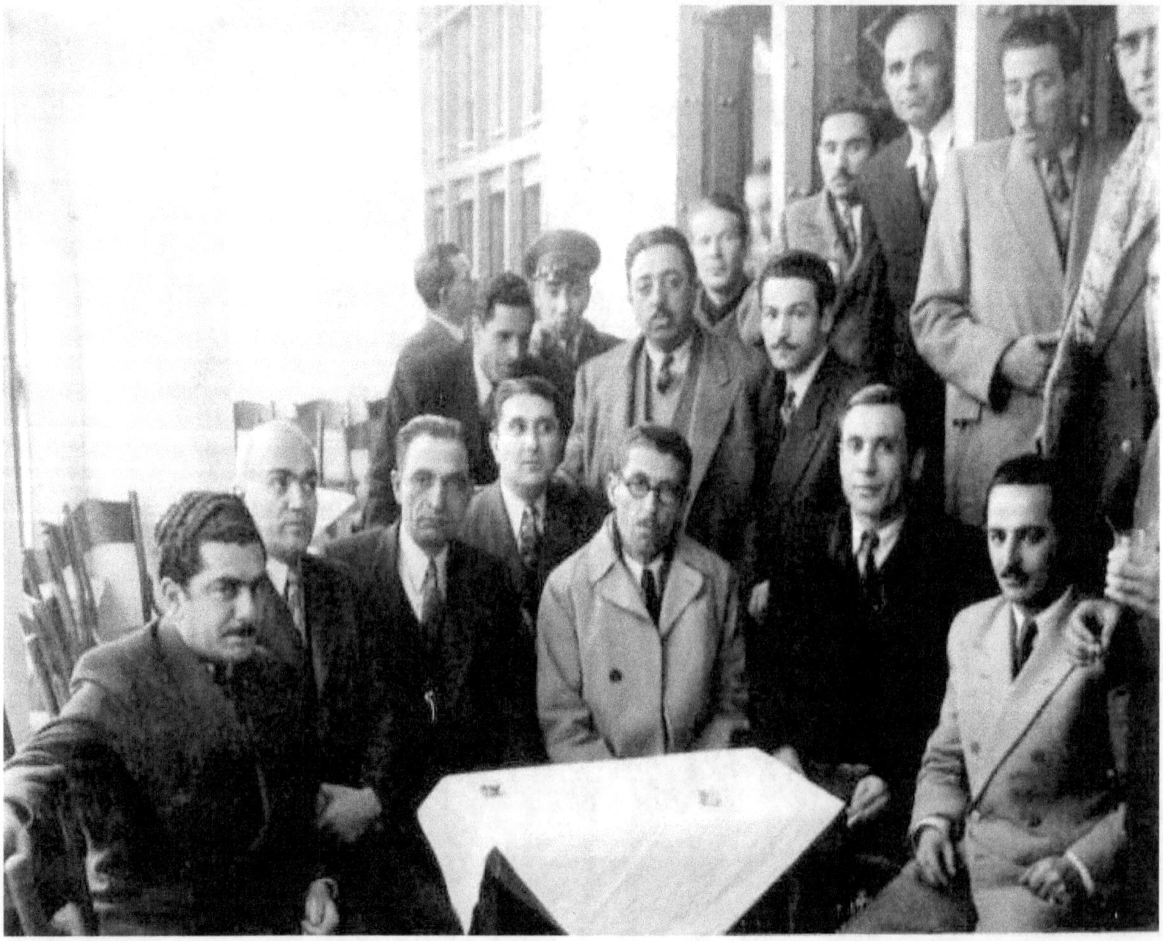

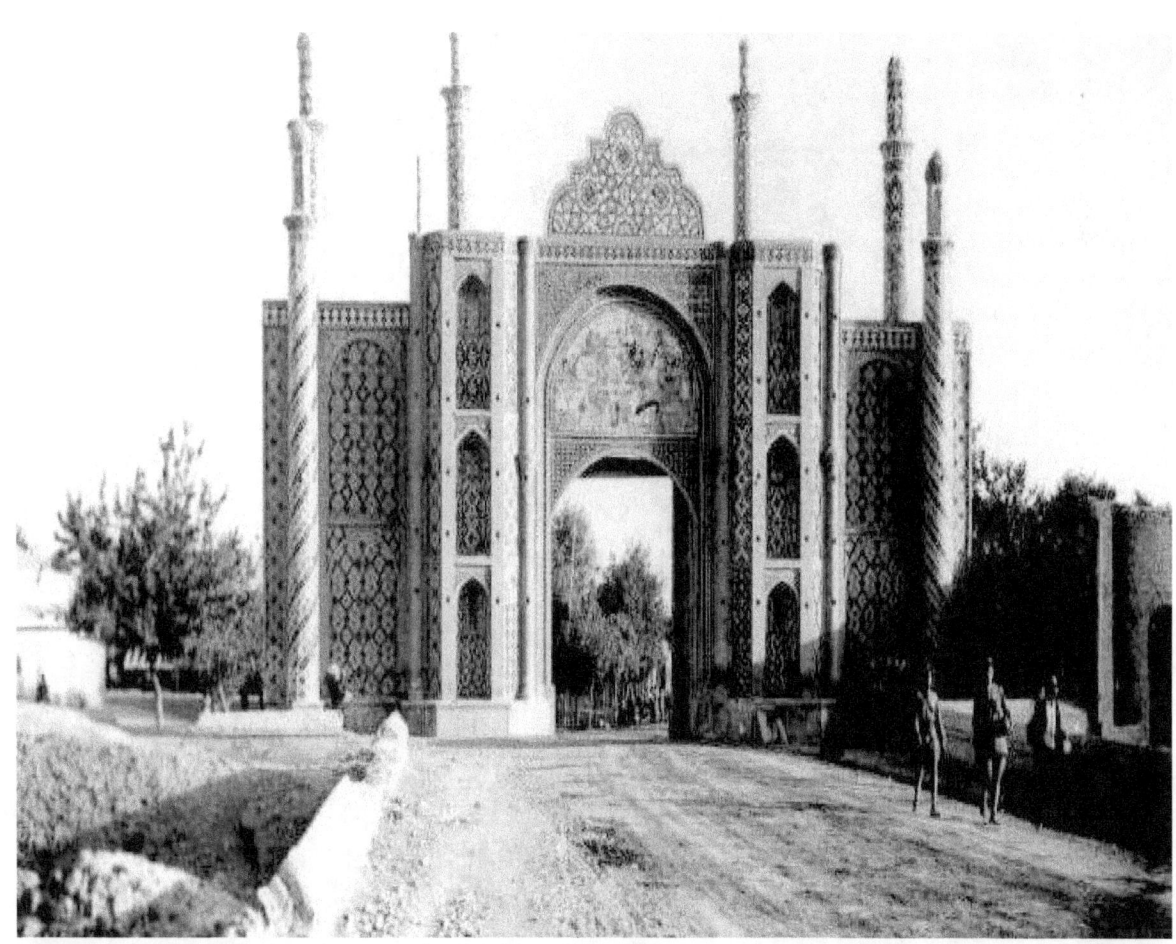

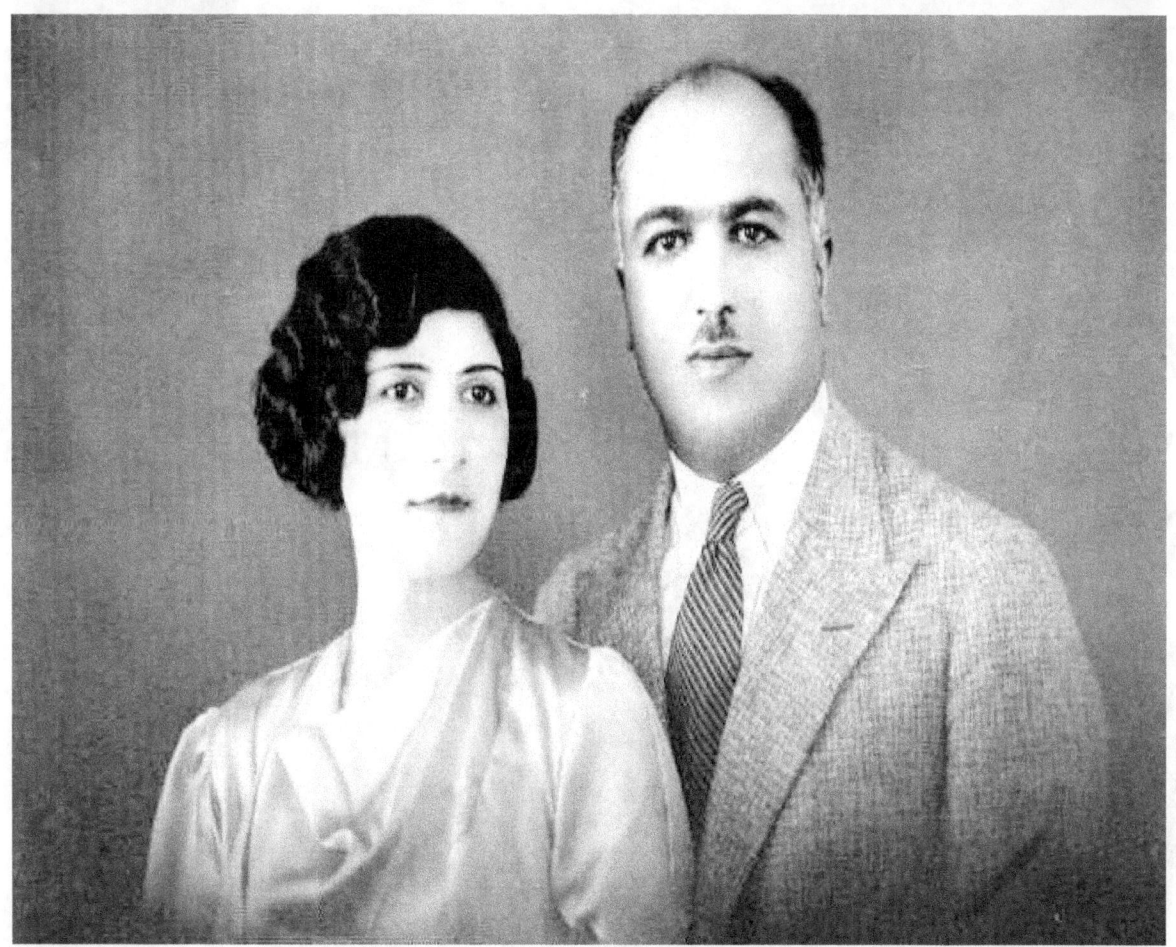

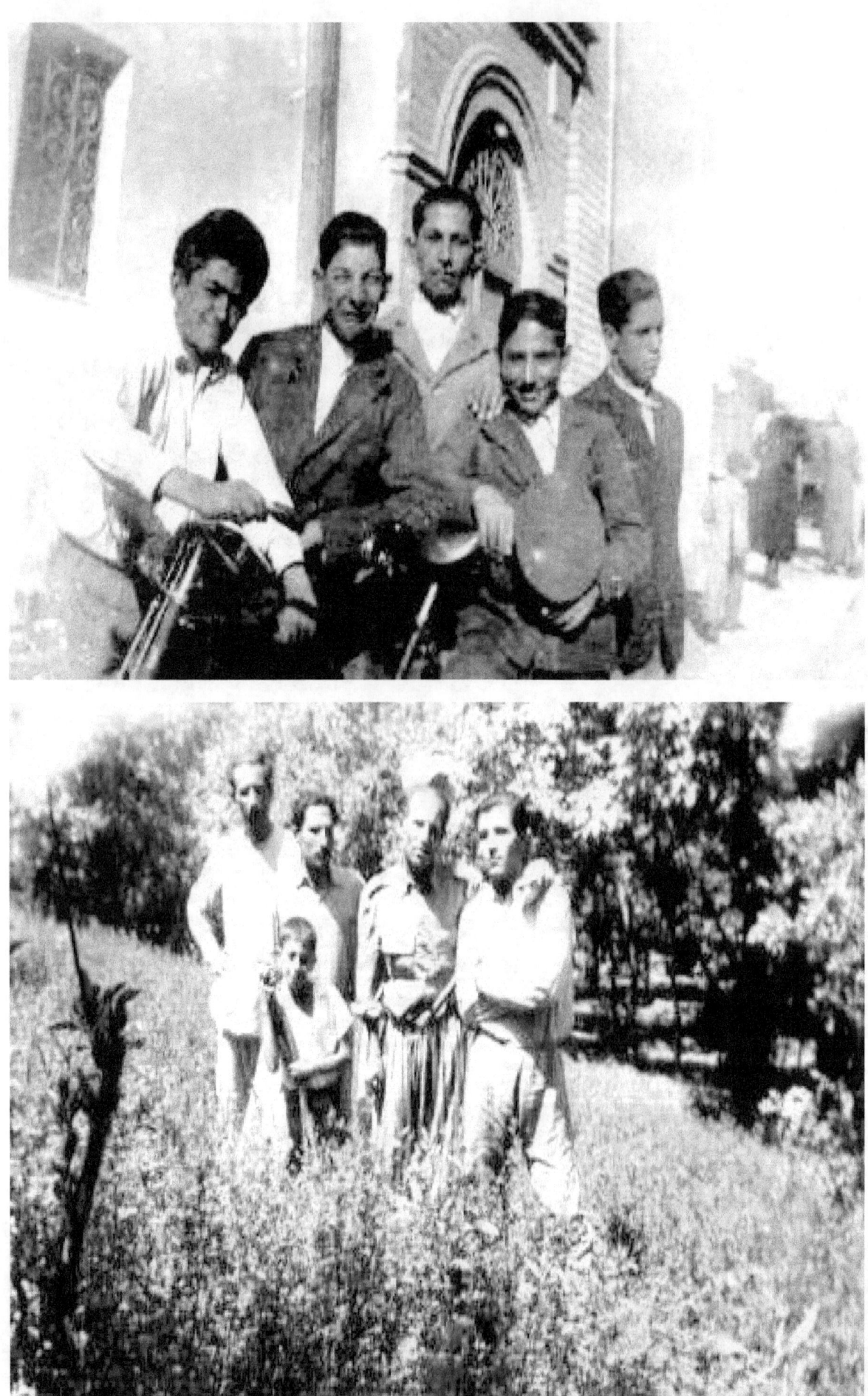

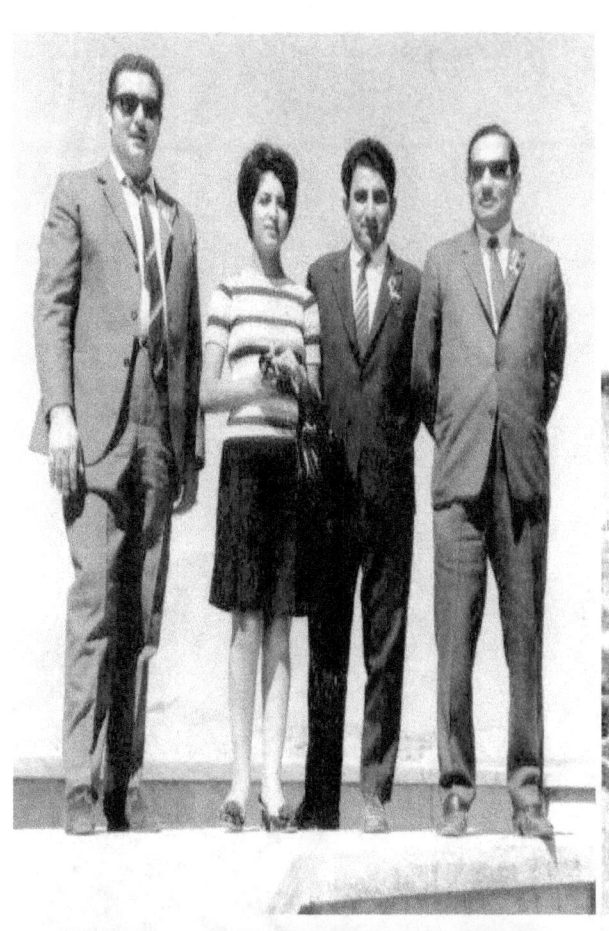
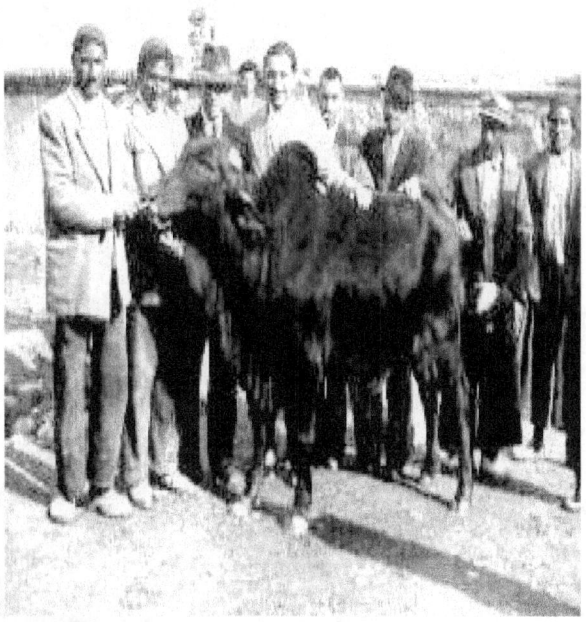
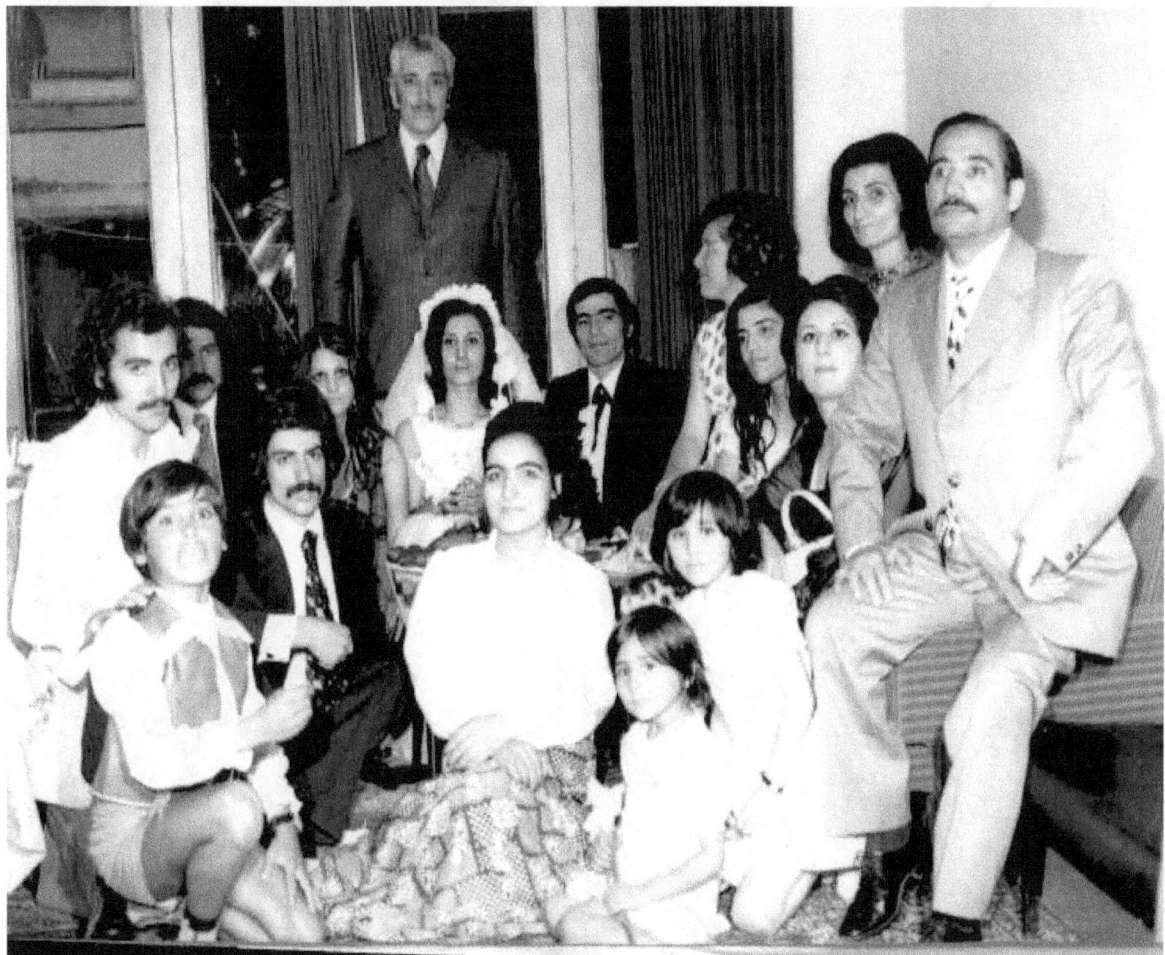

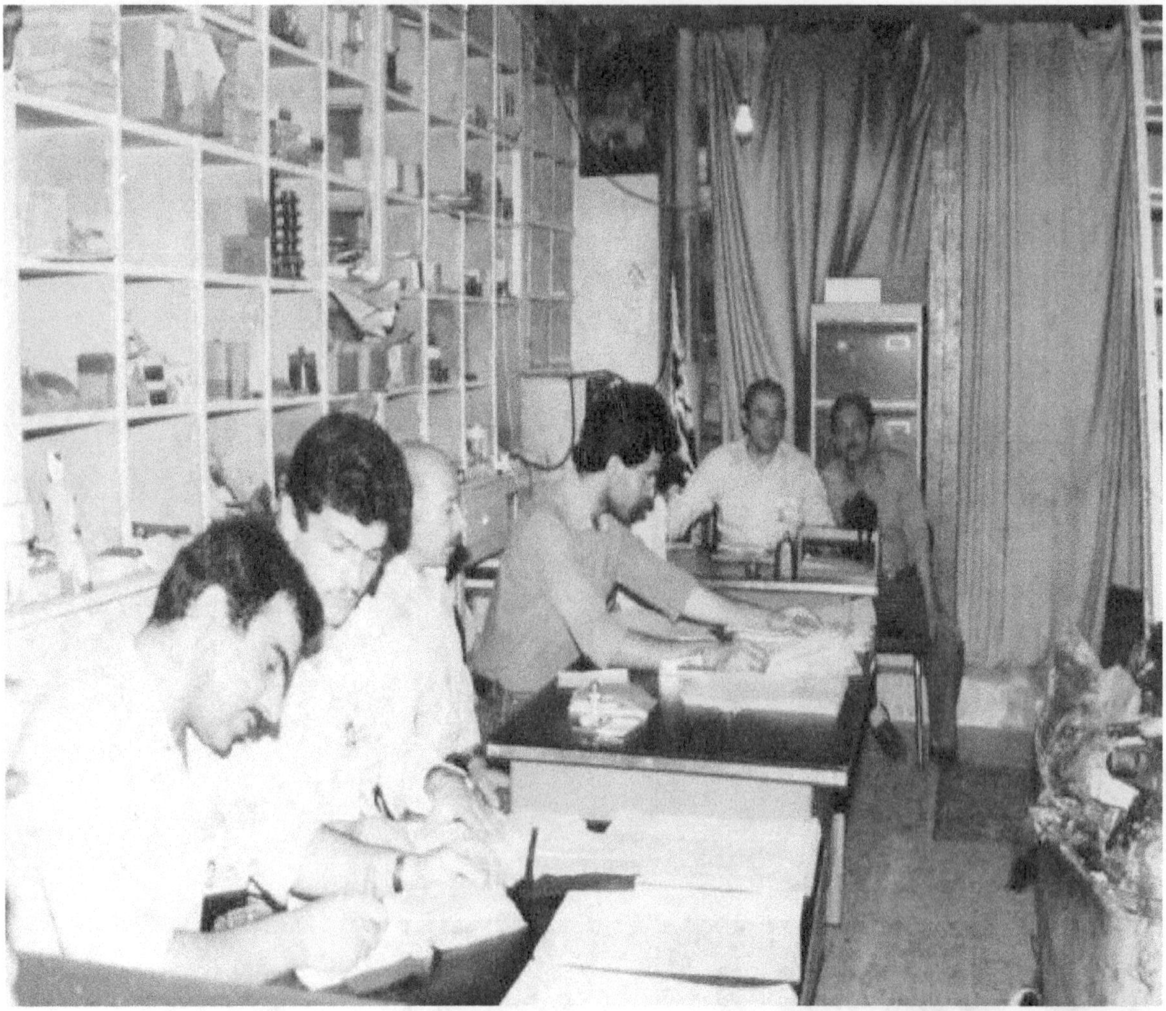

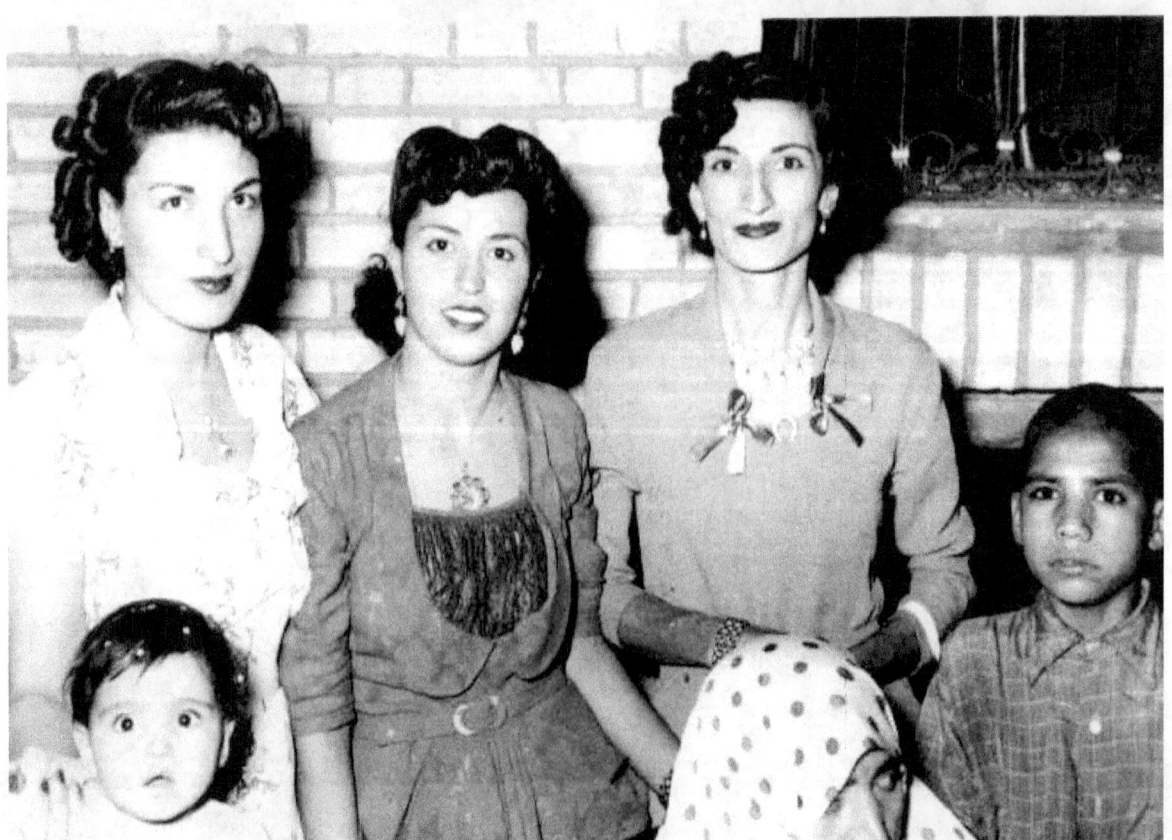

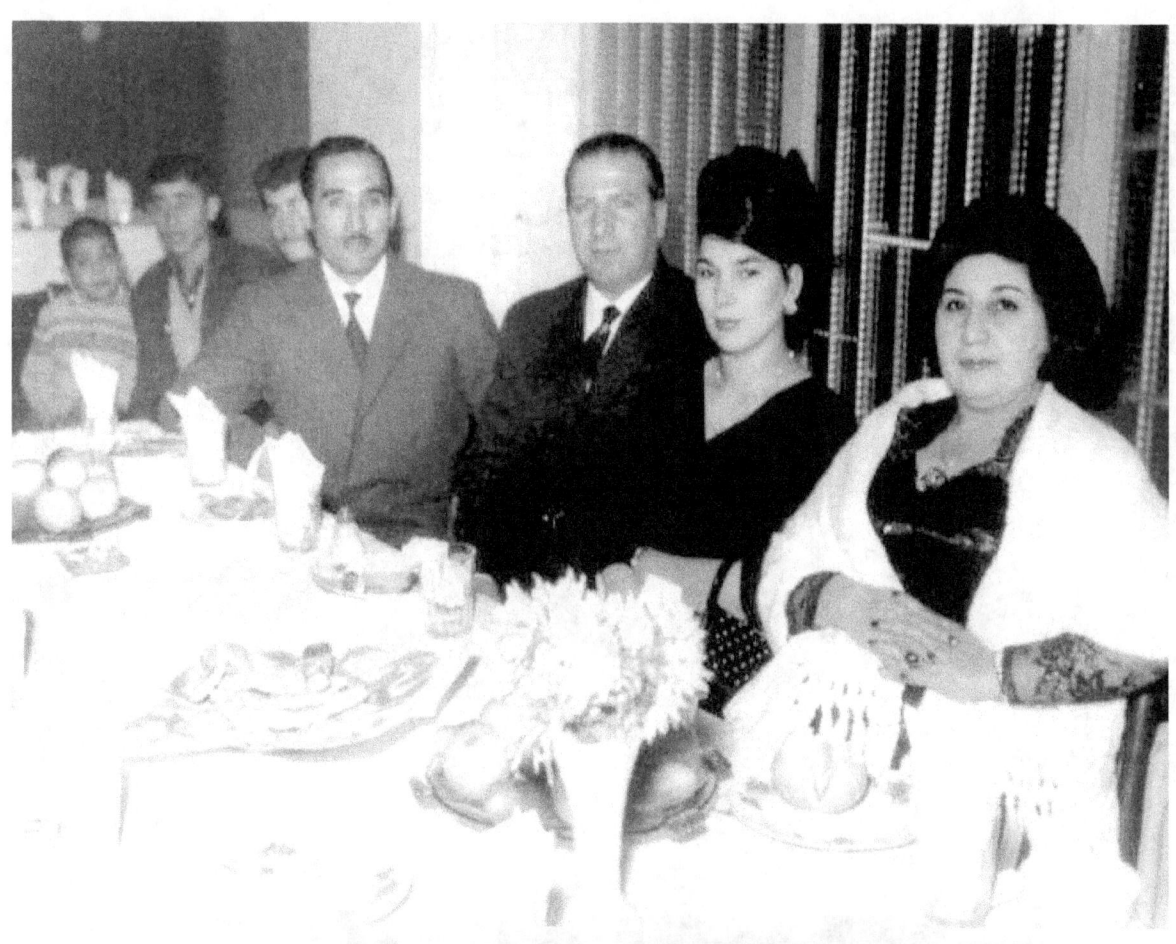

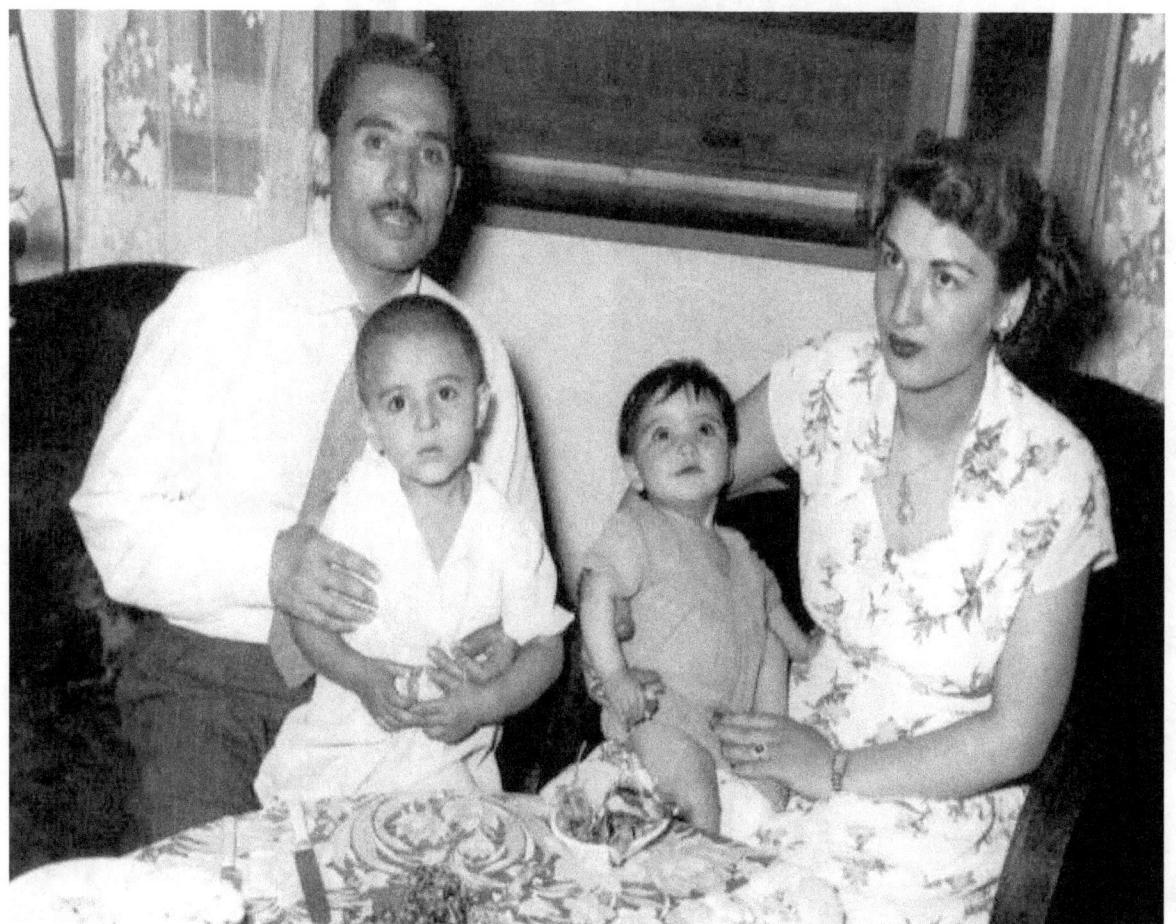

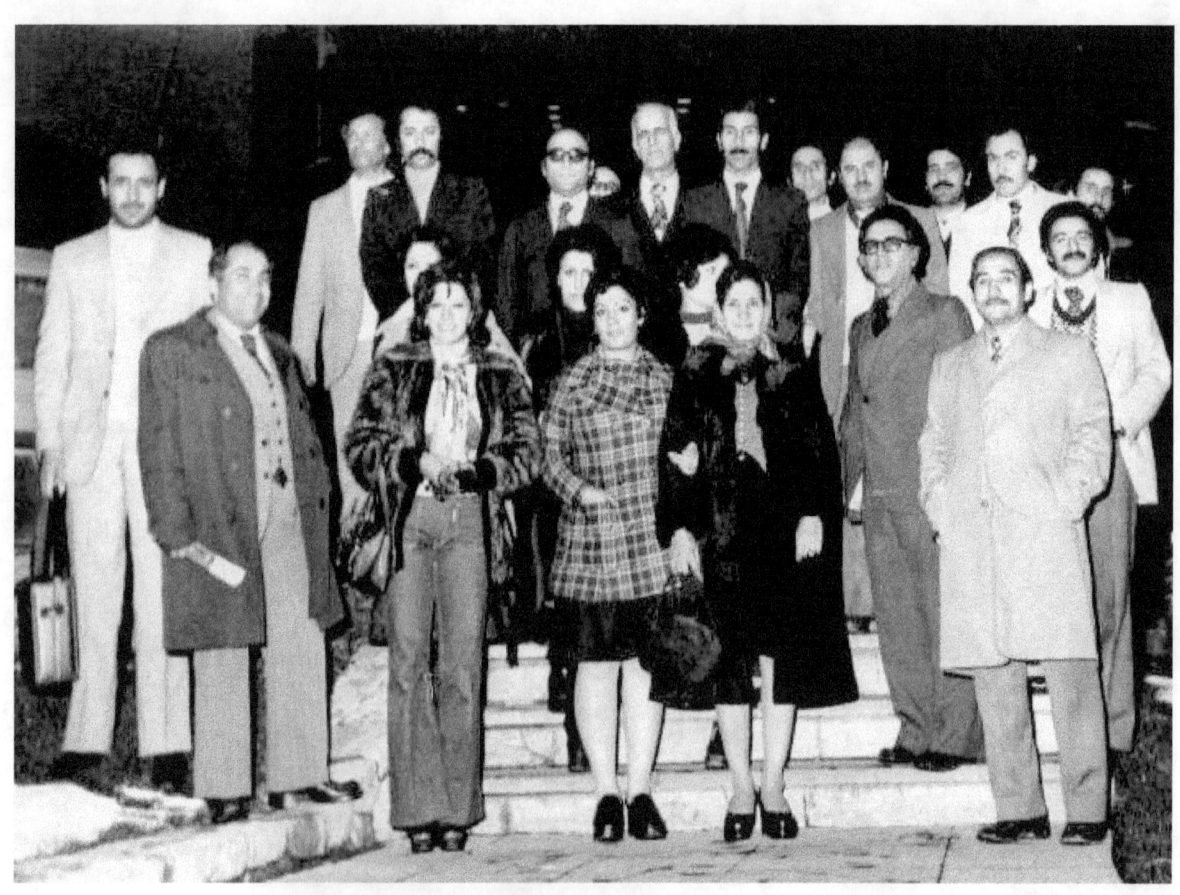

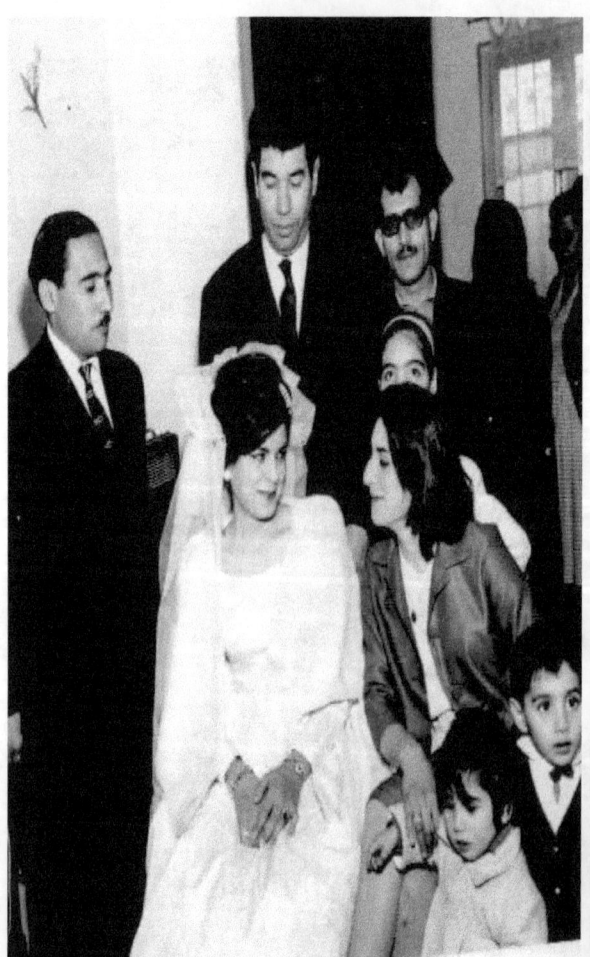

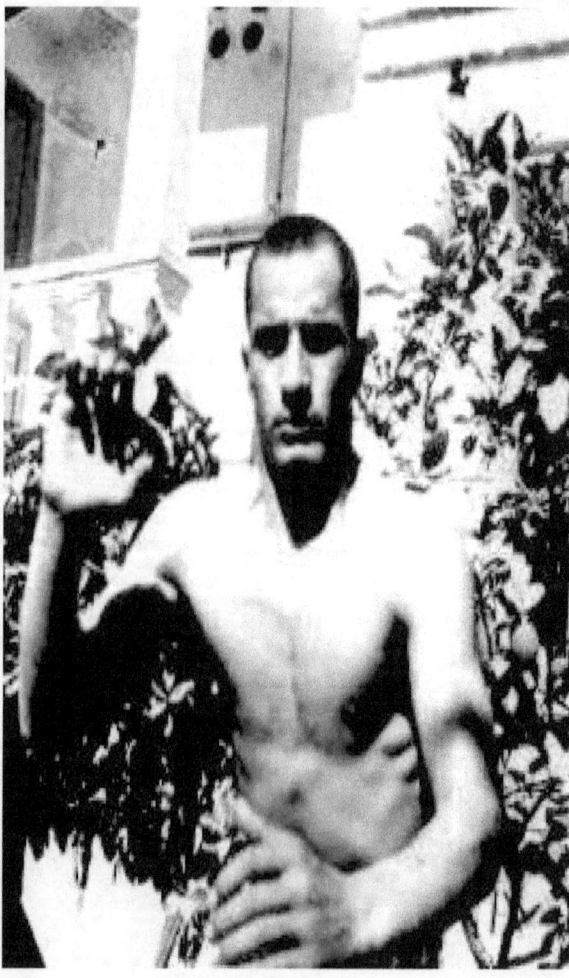

SAHAMI SHILAT IRAN
IRANIAN FISHERIES C.

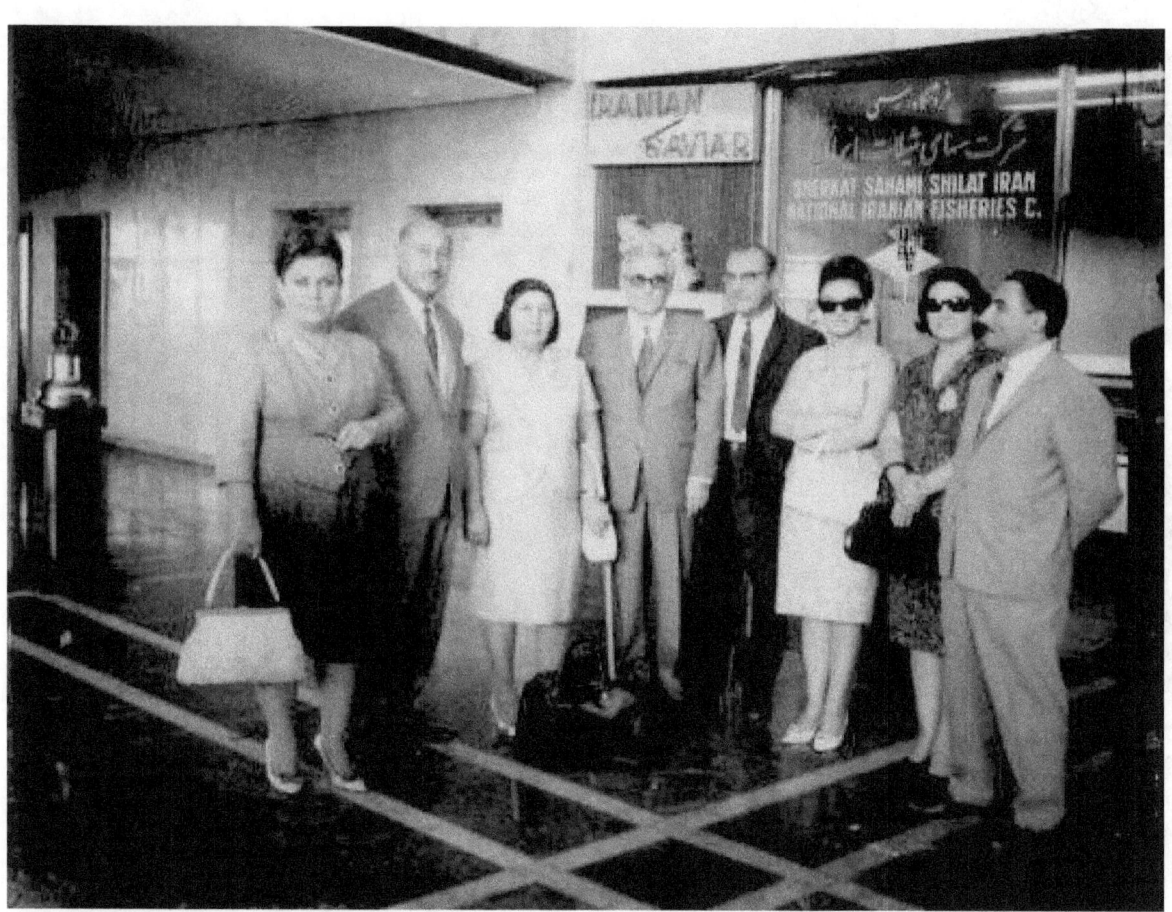

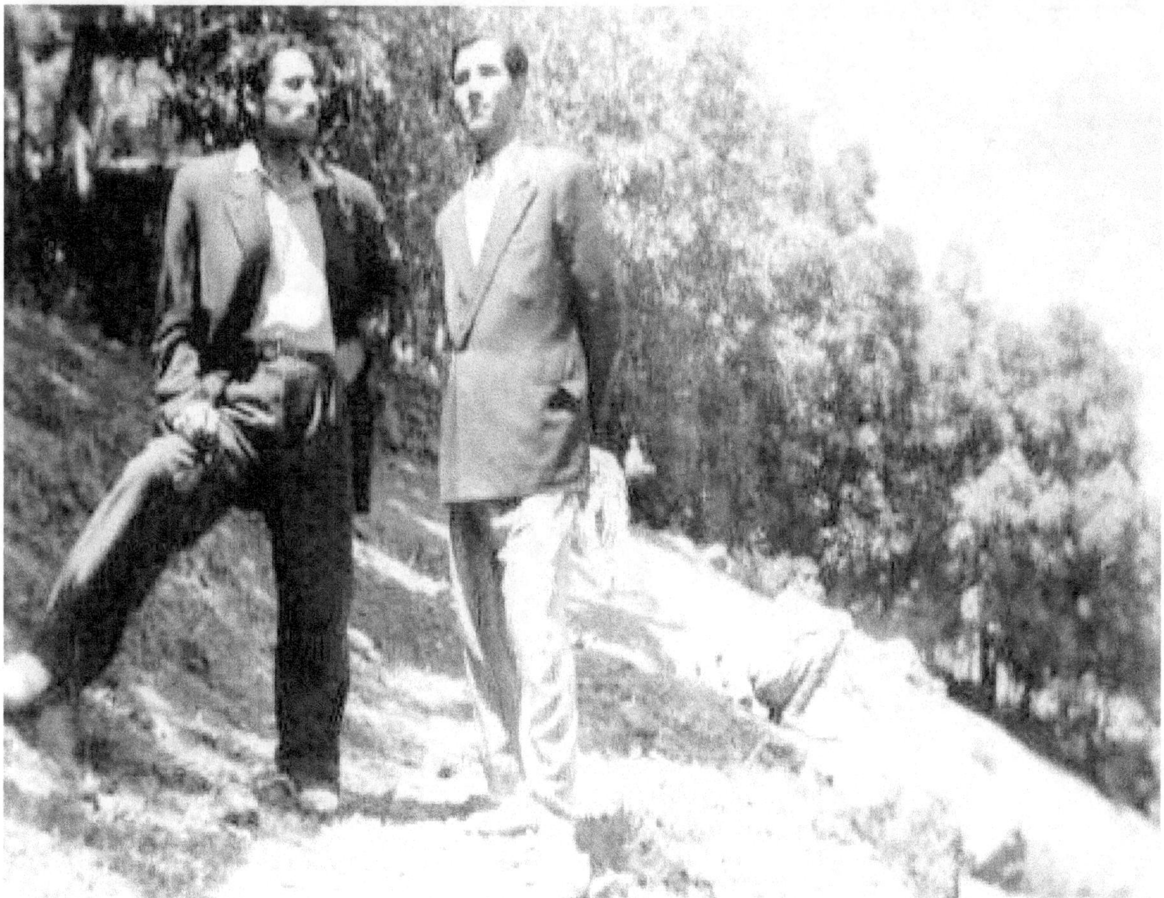

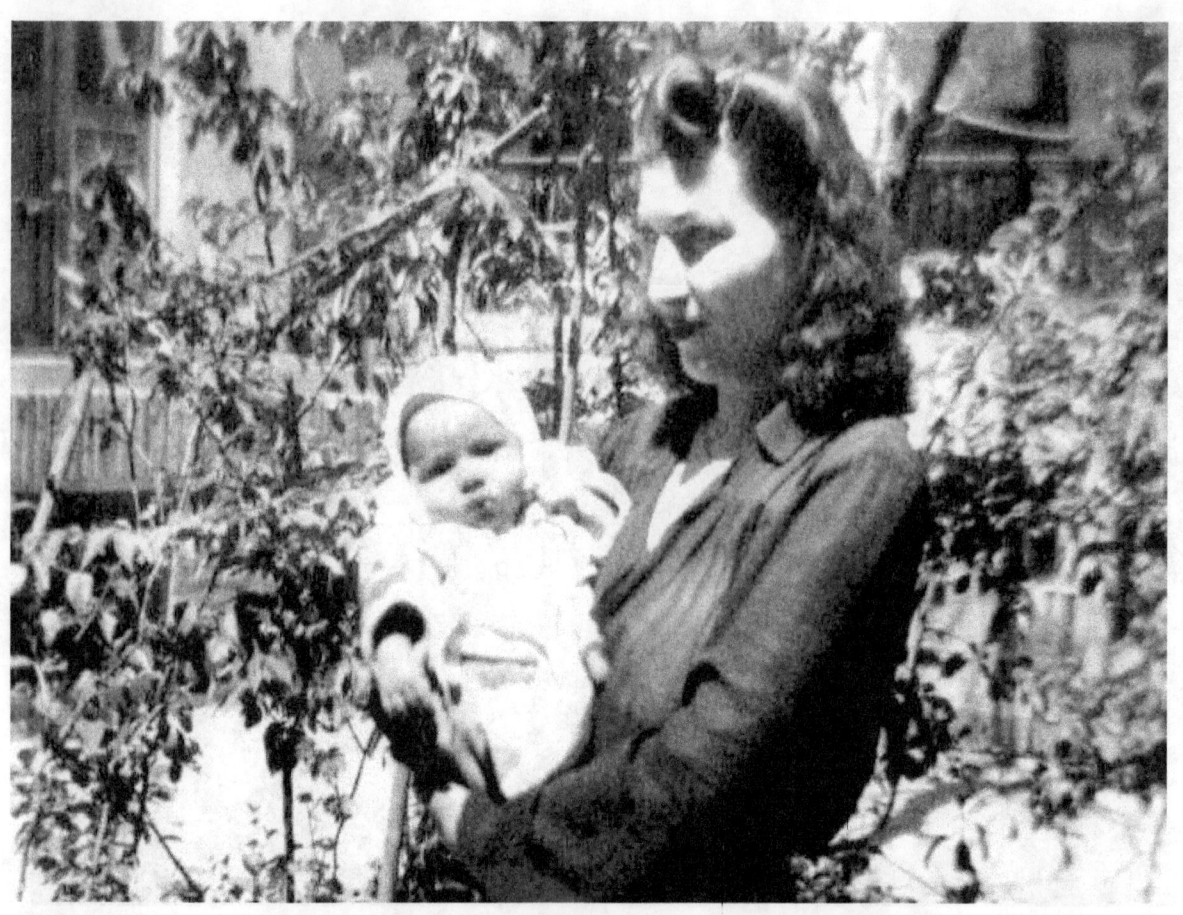

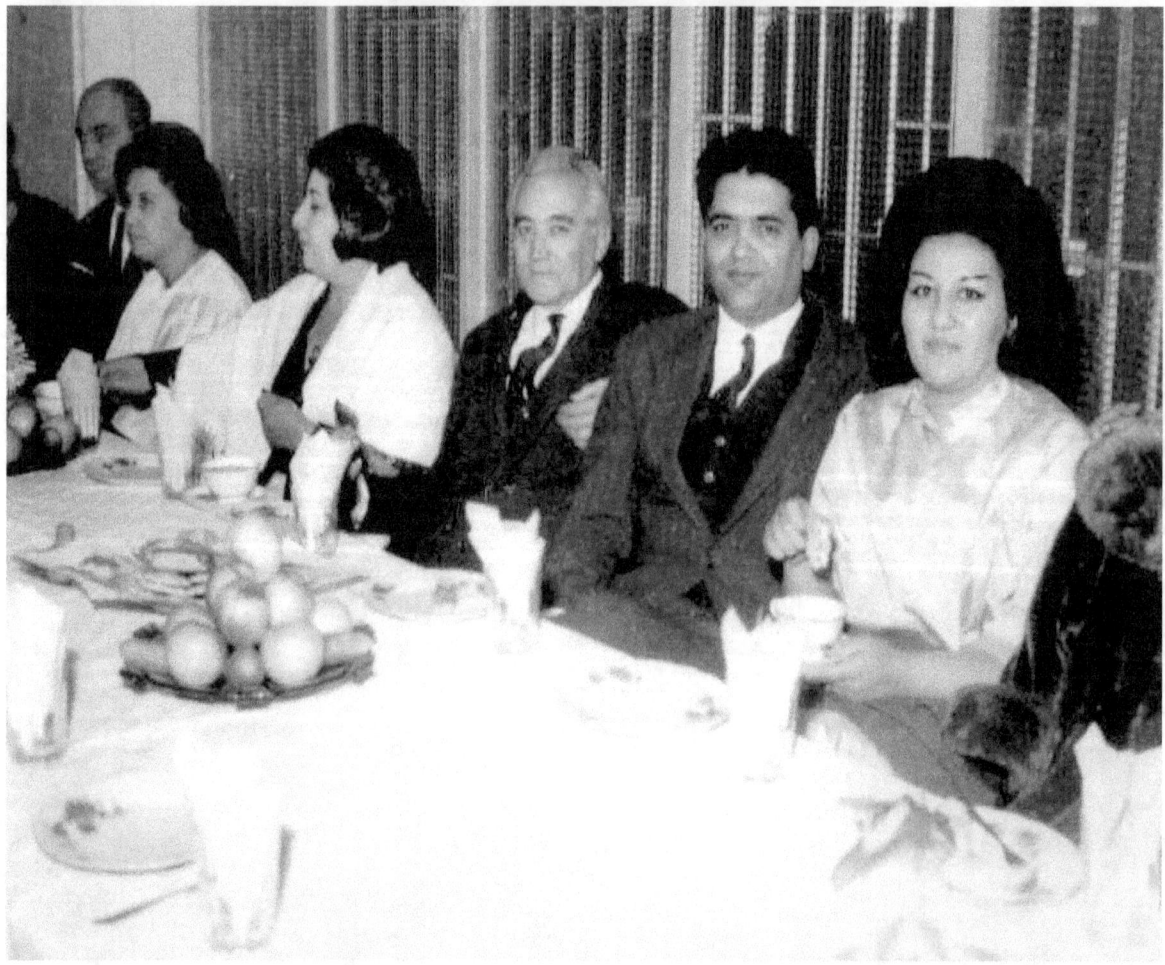

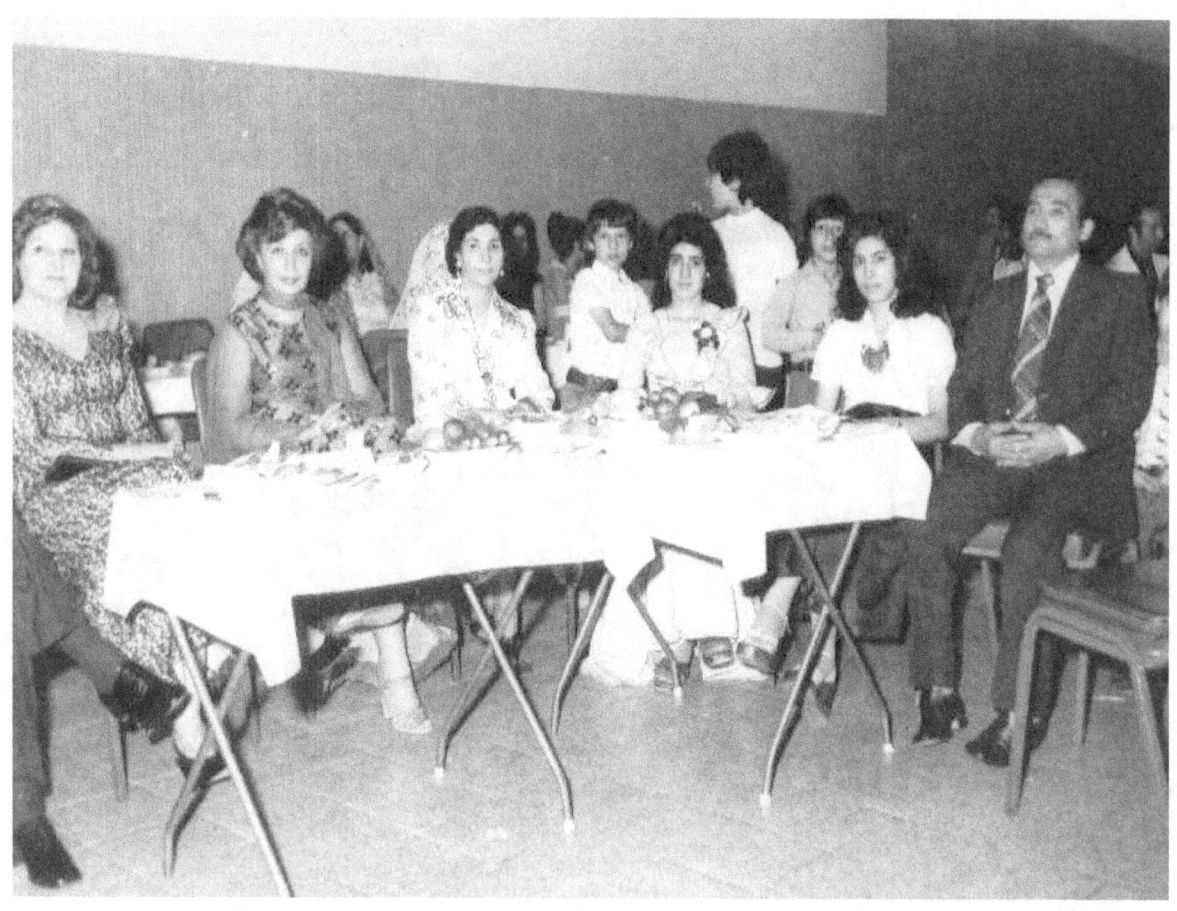

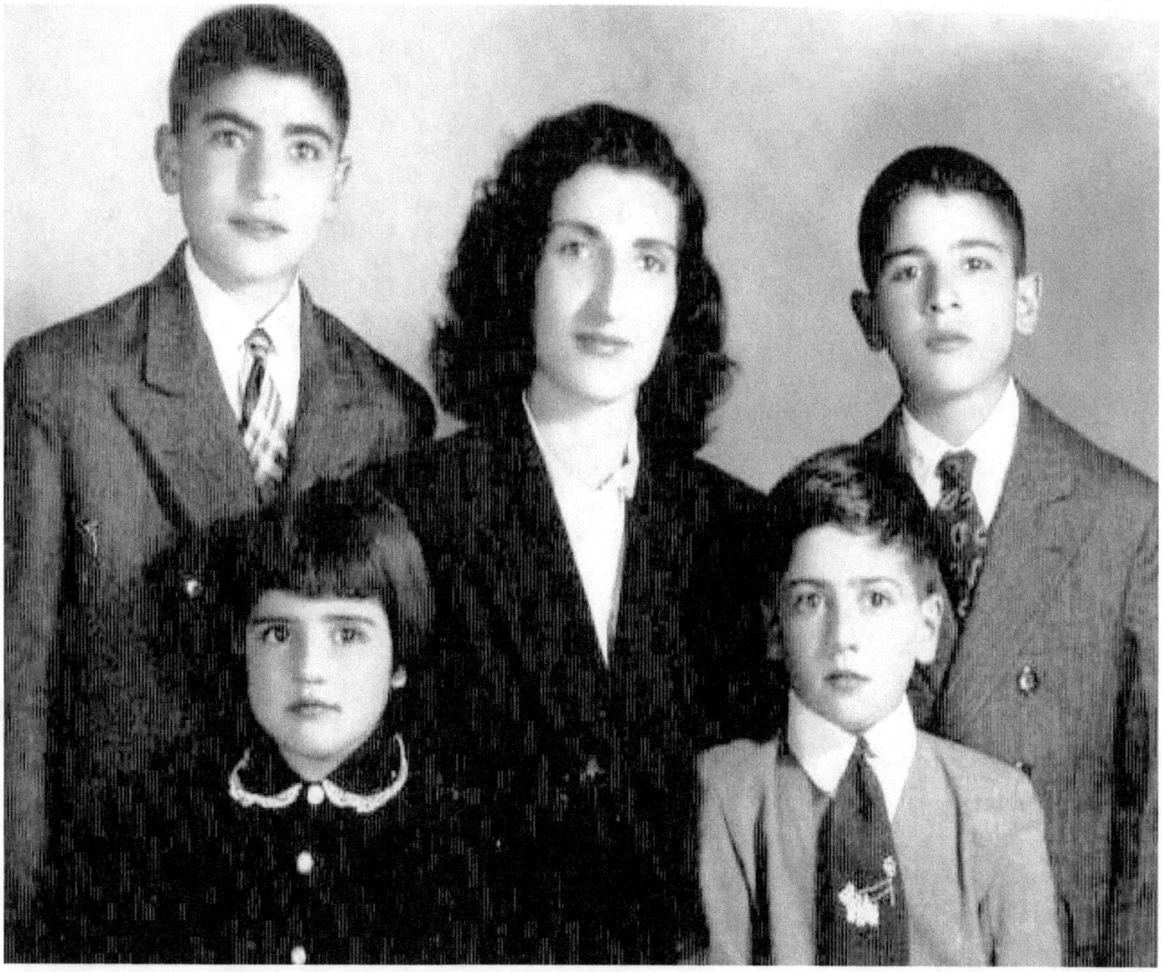

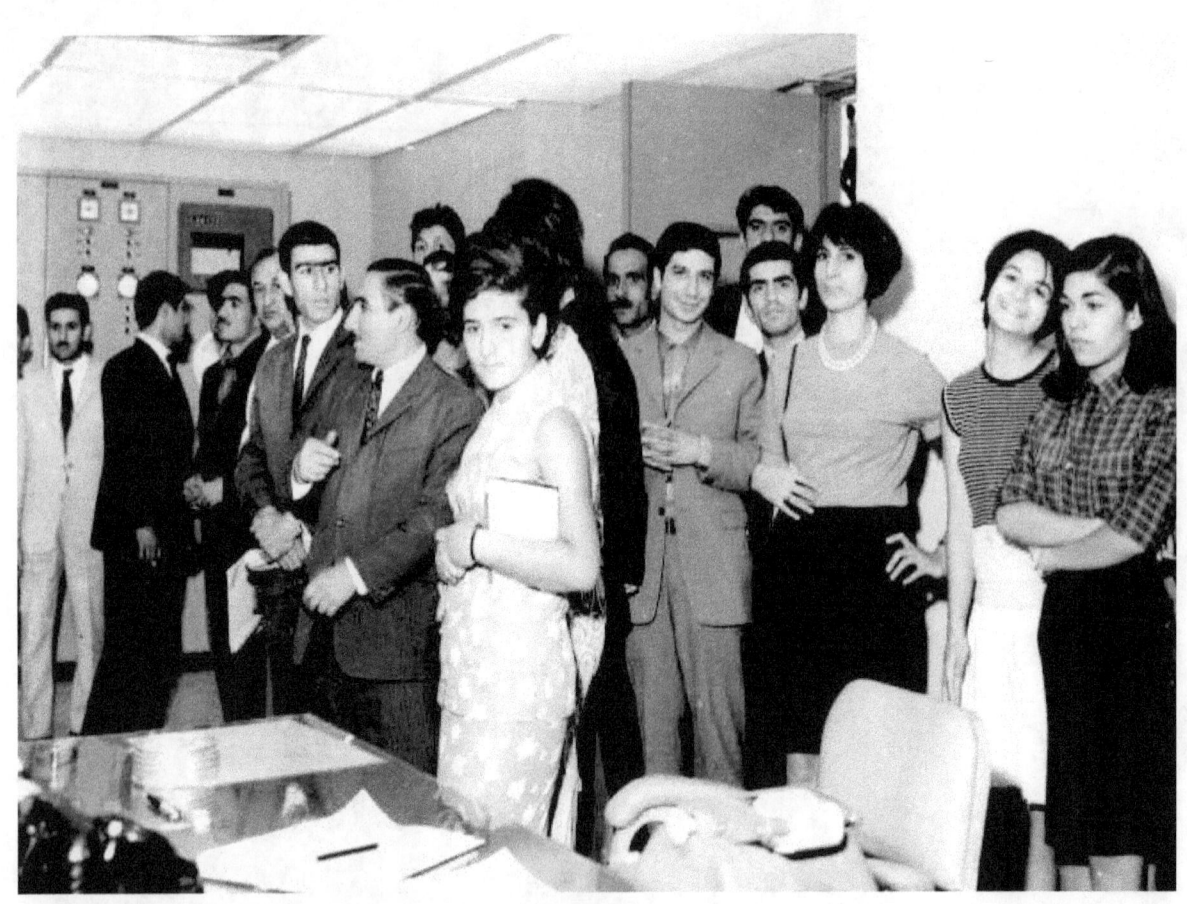

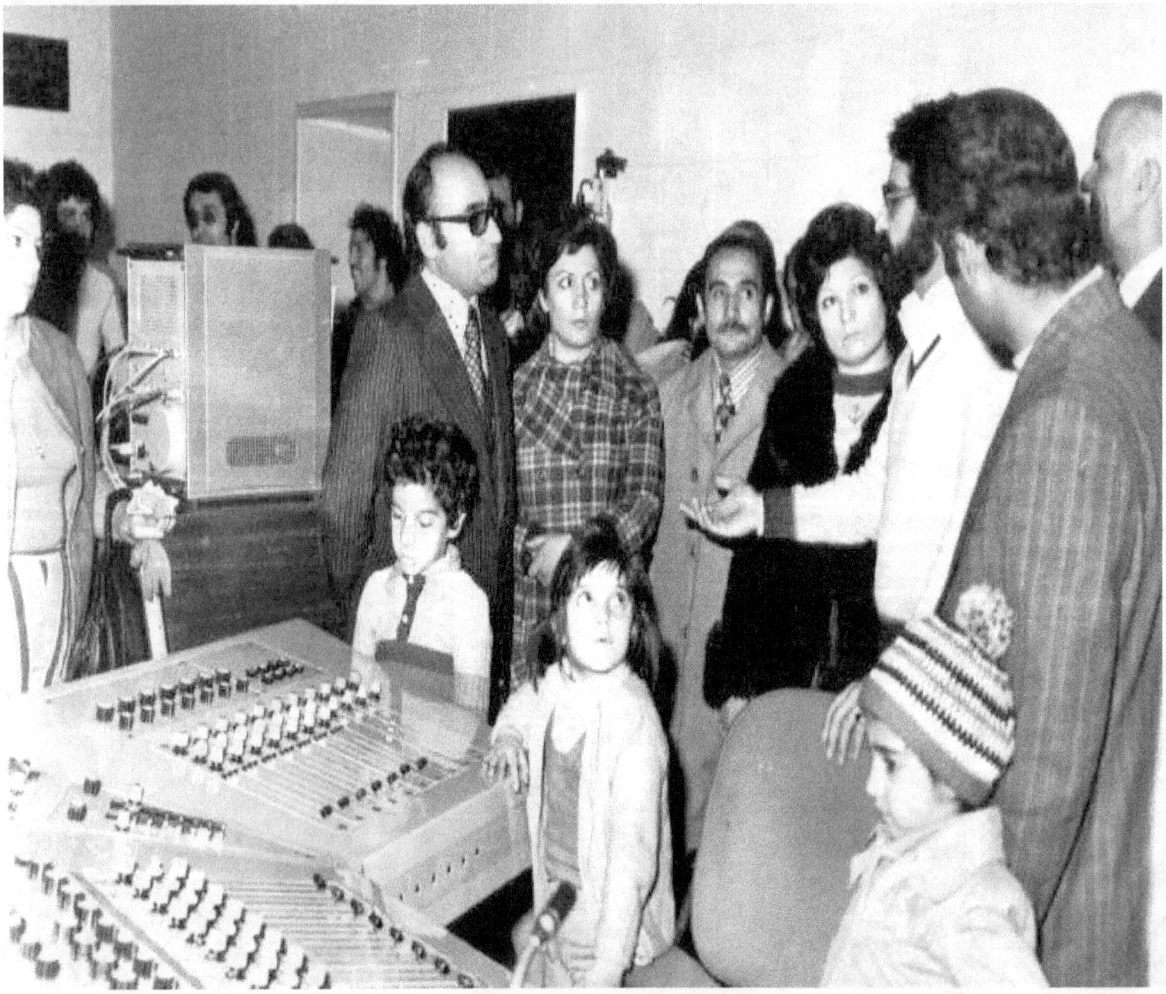

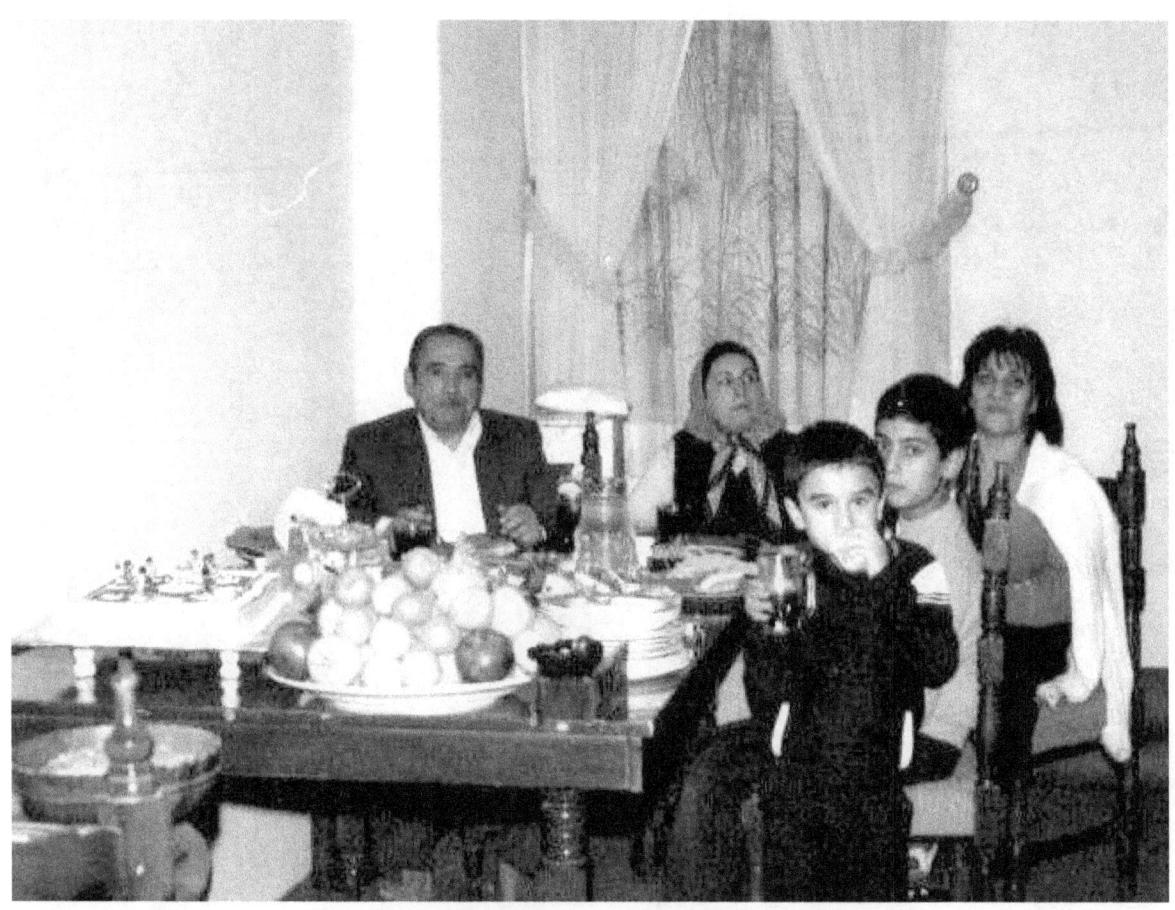

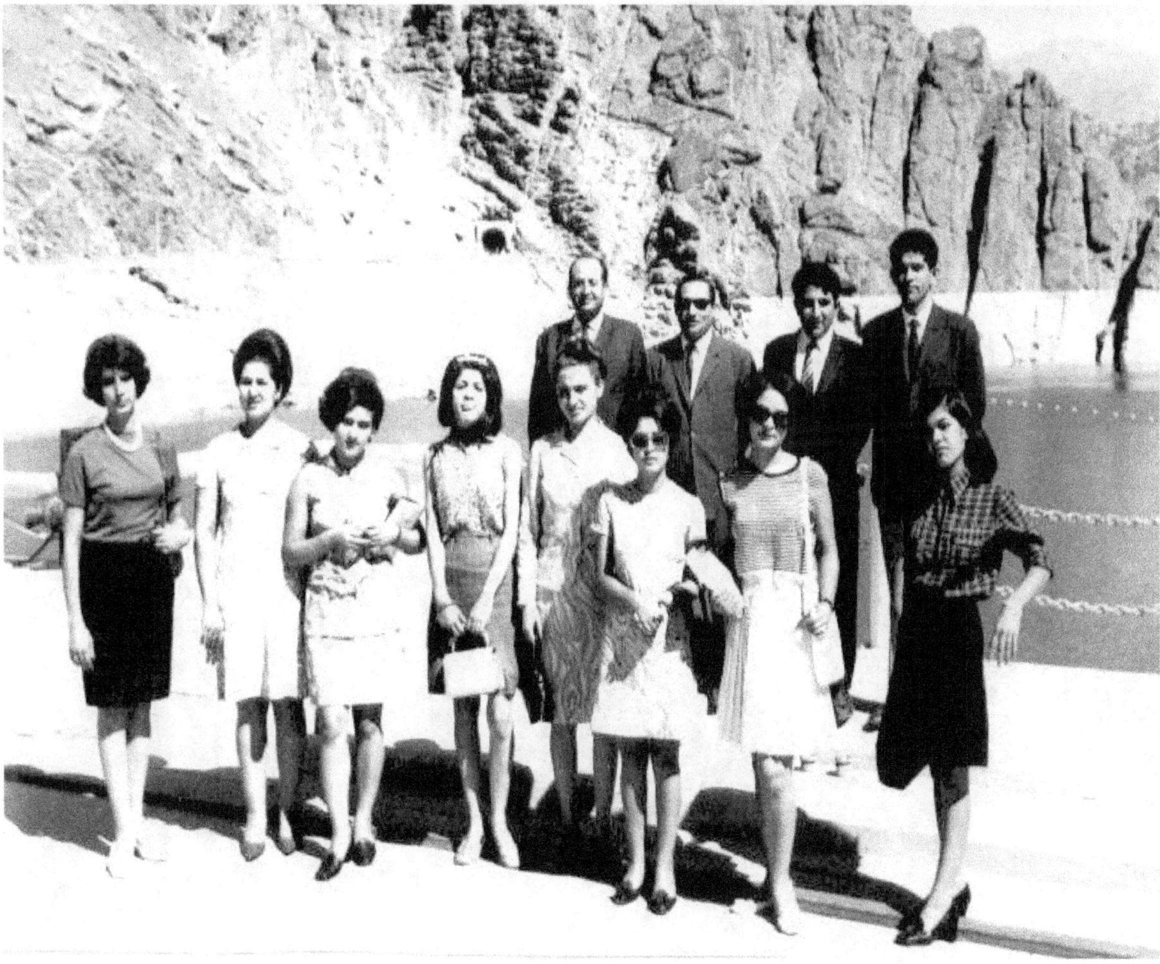

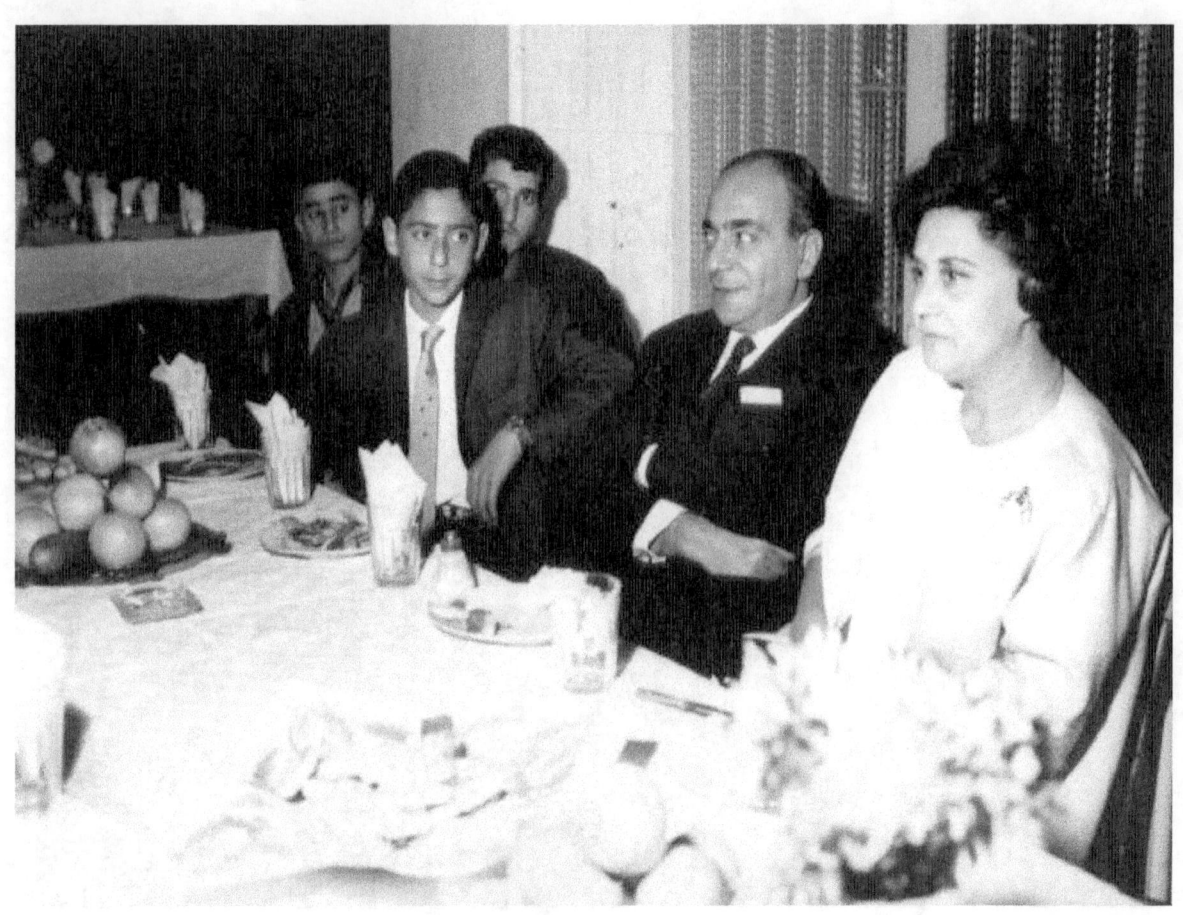

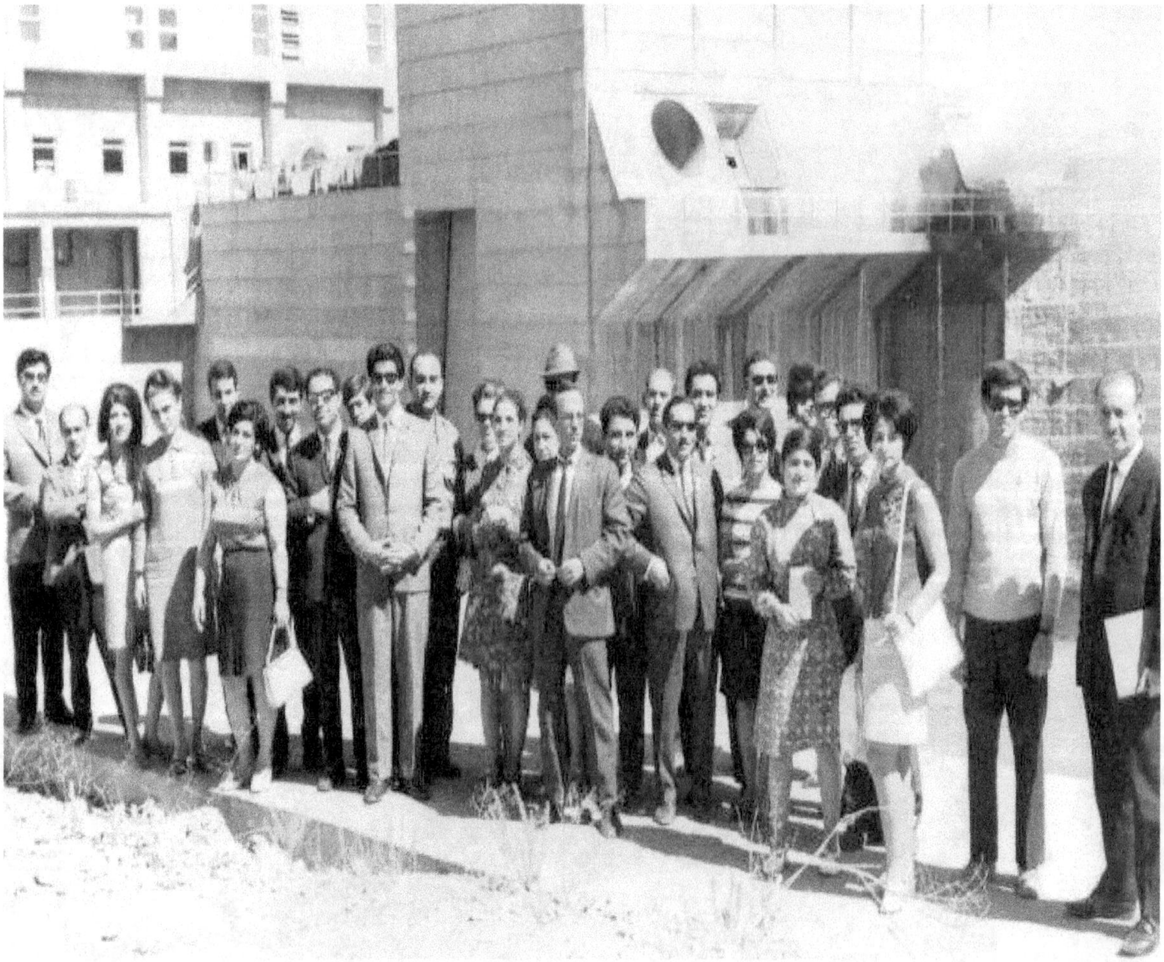

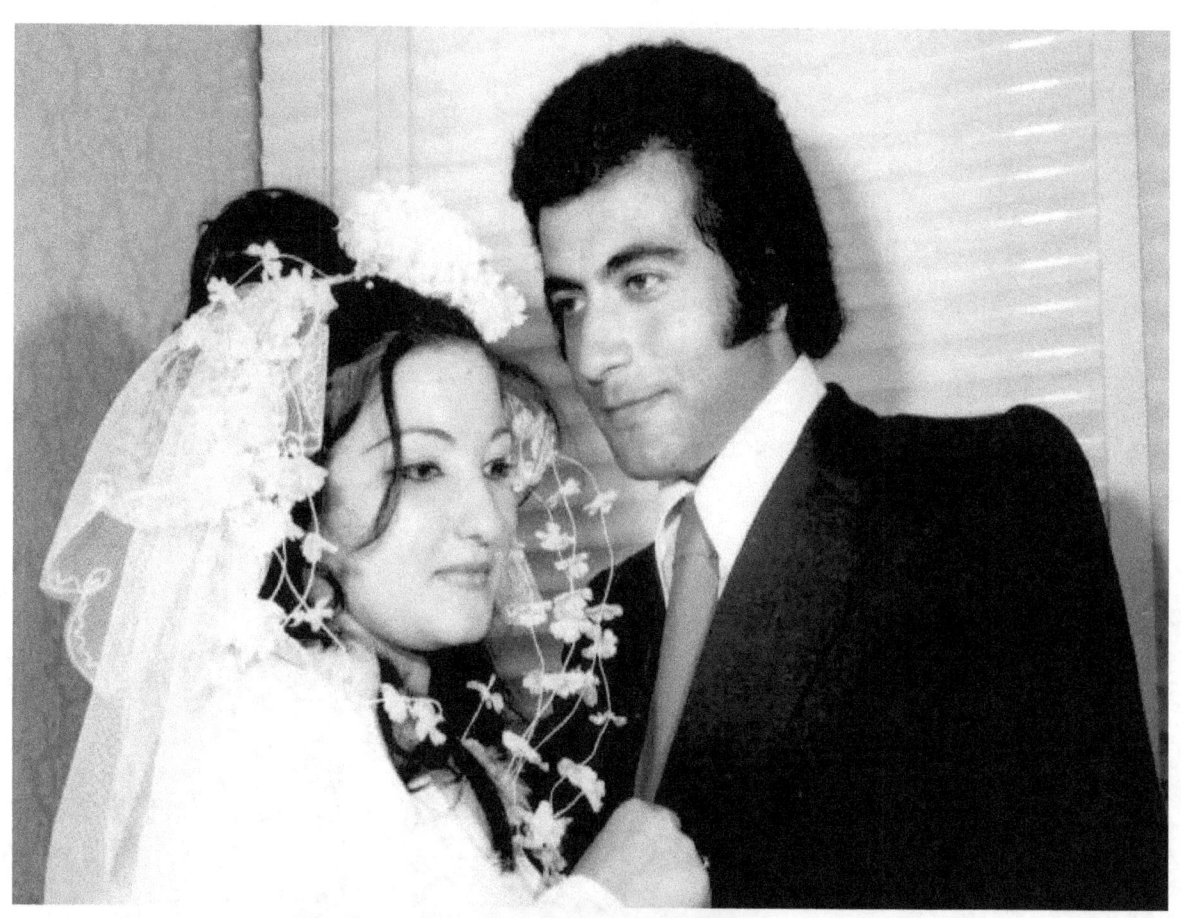

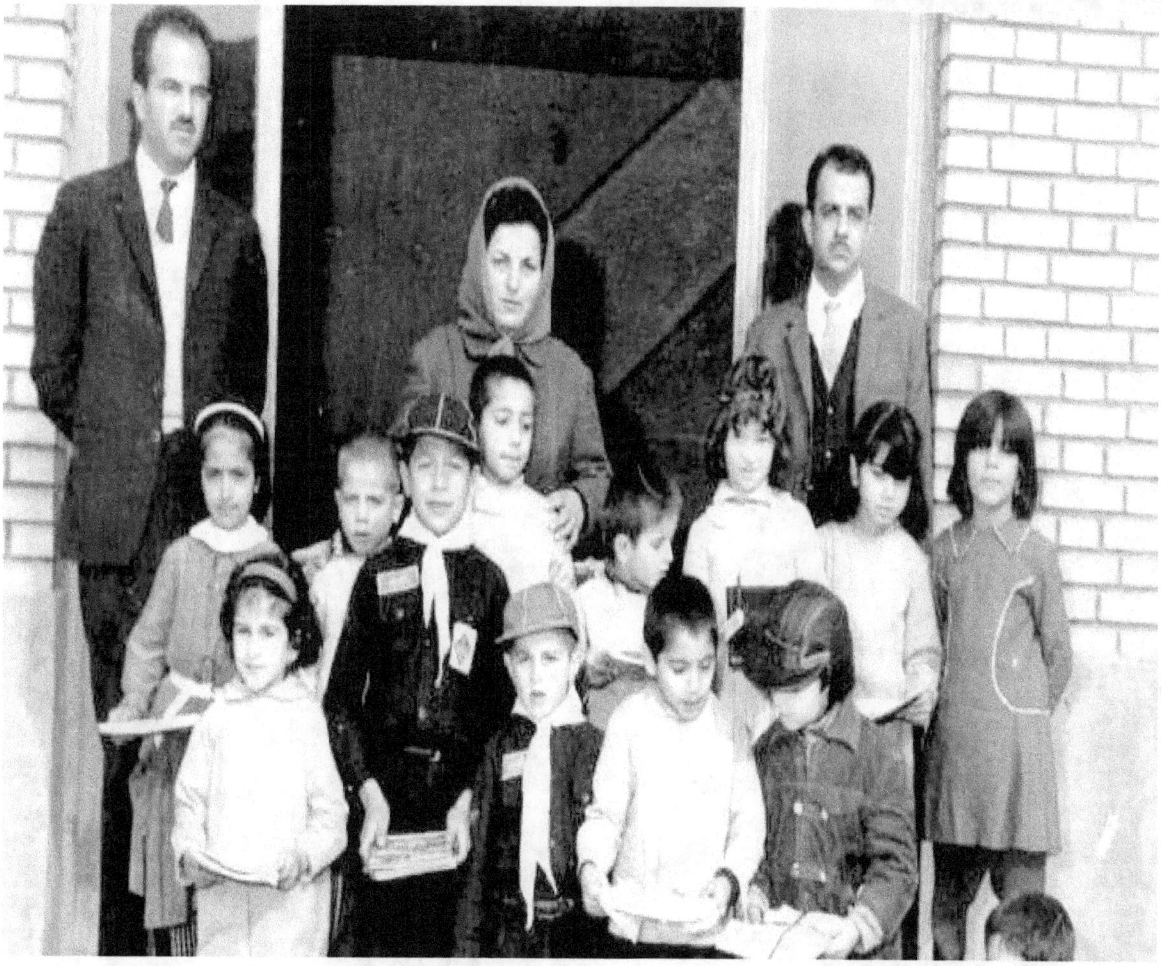

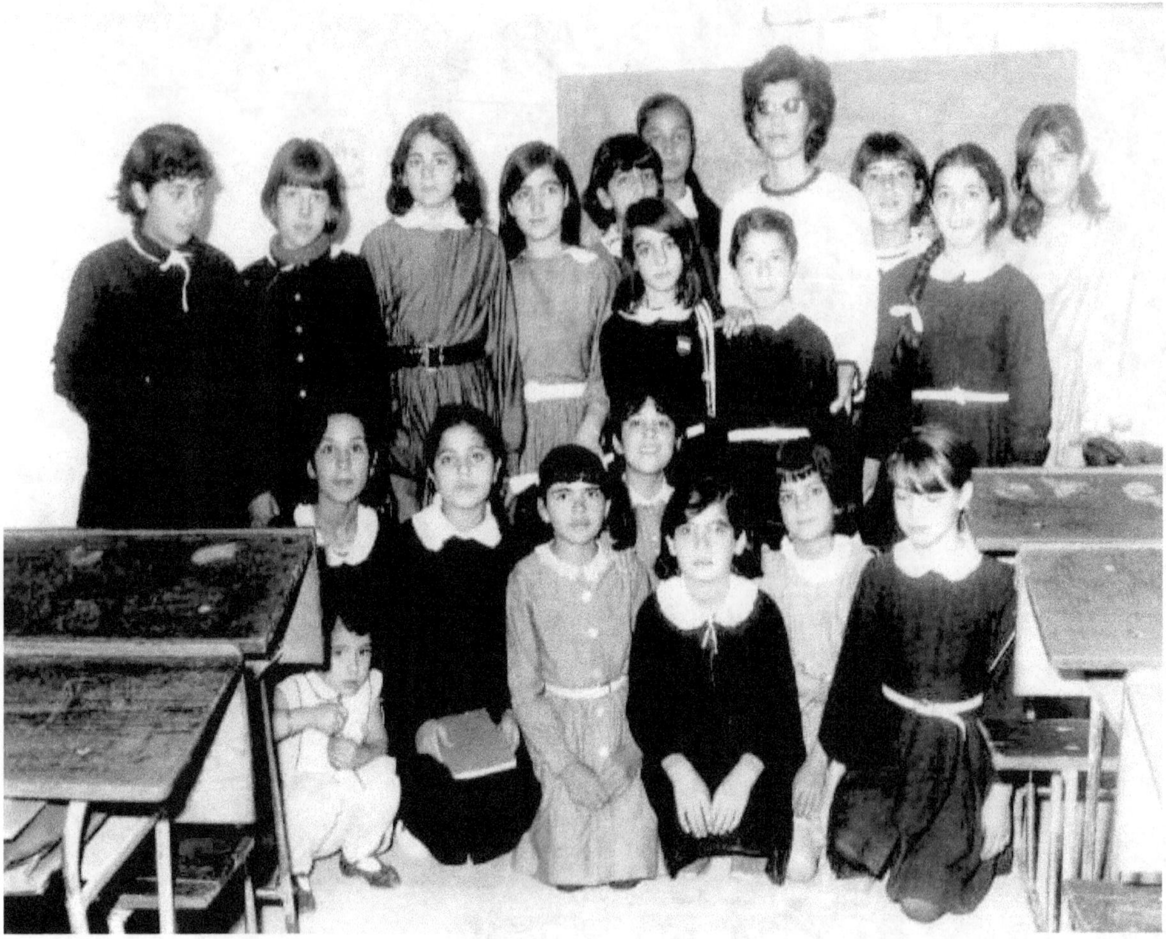

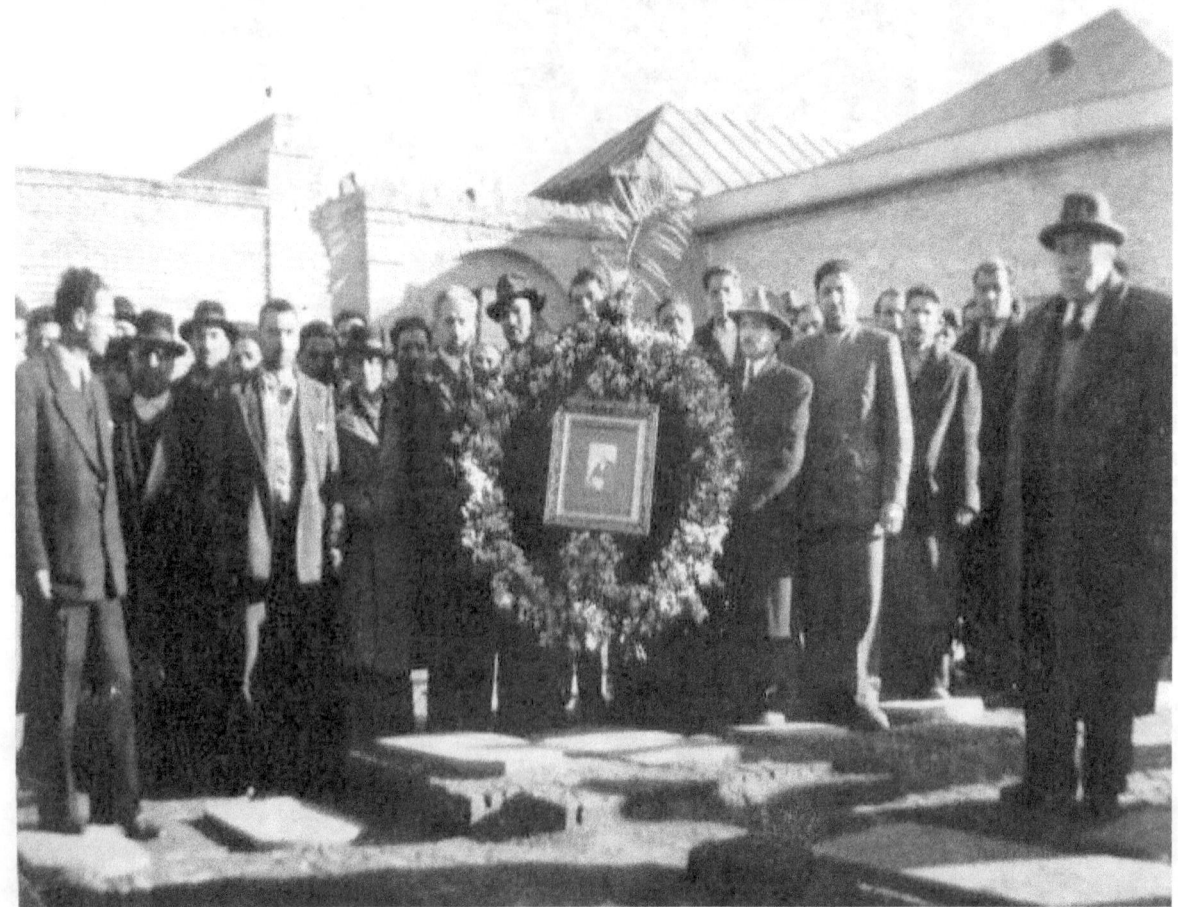

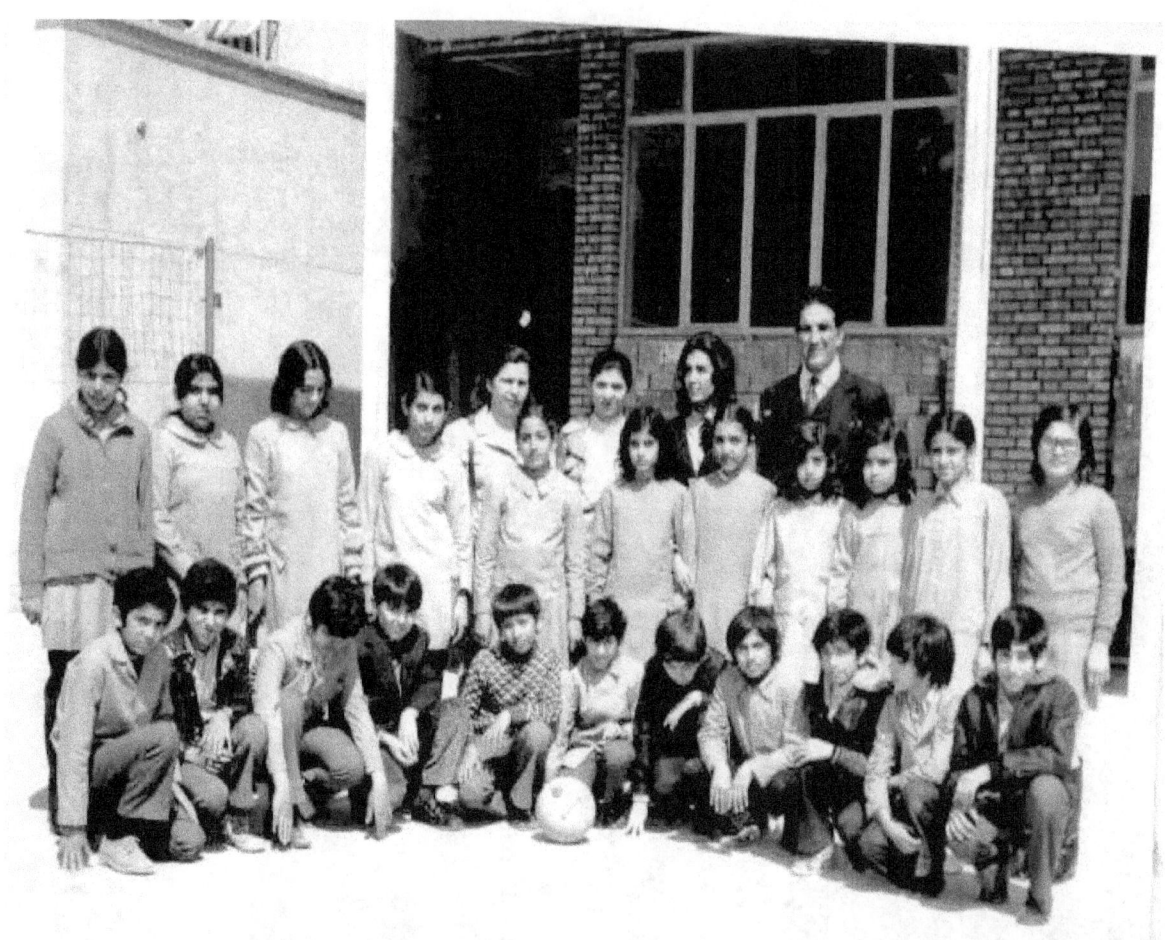

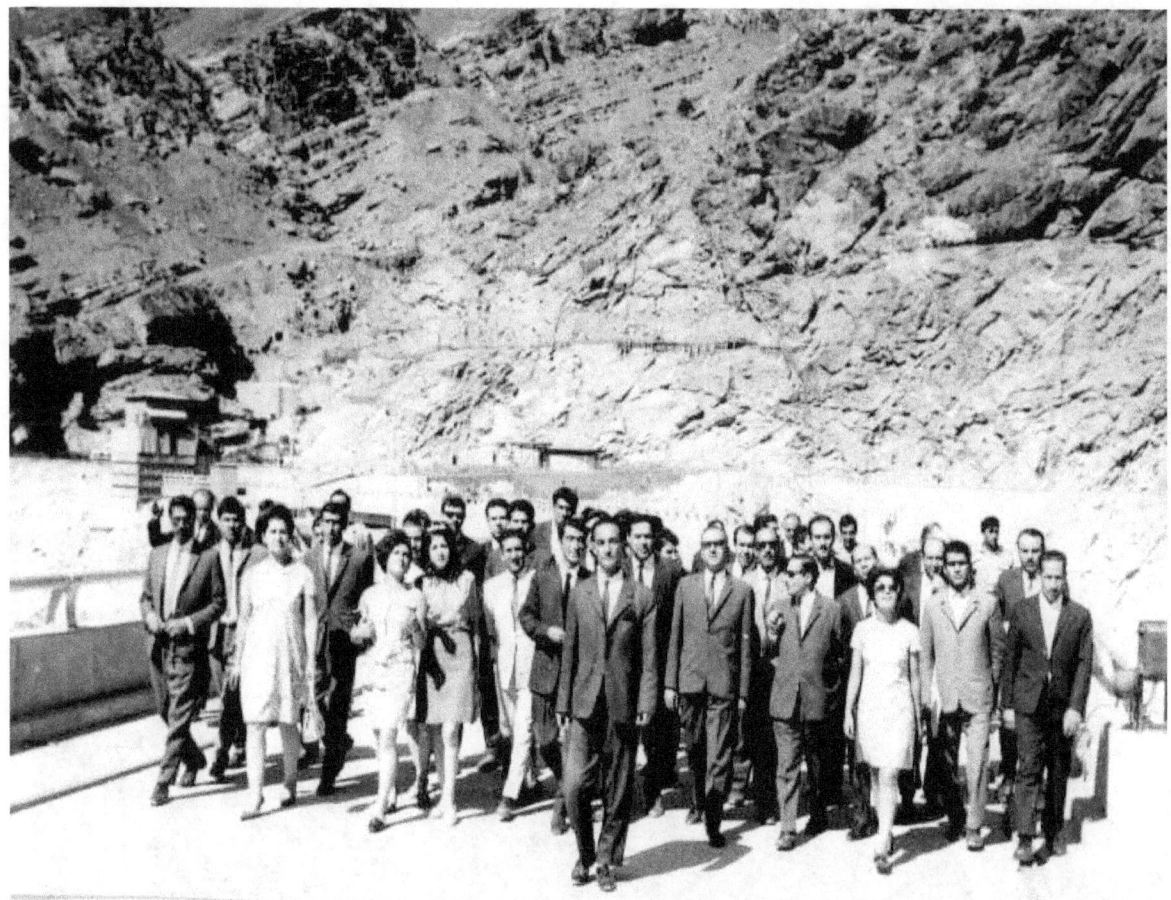

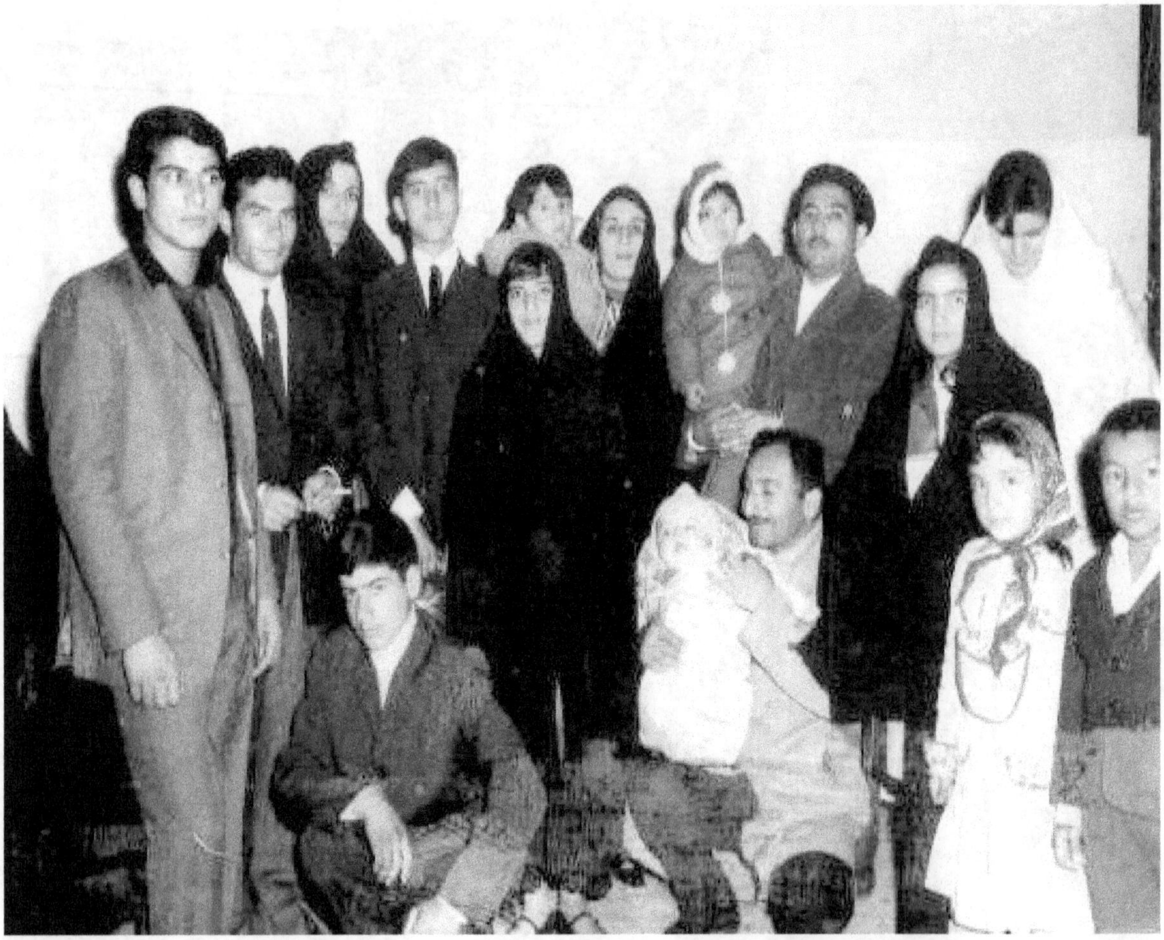

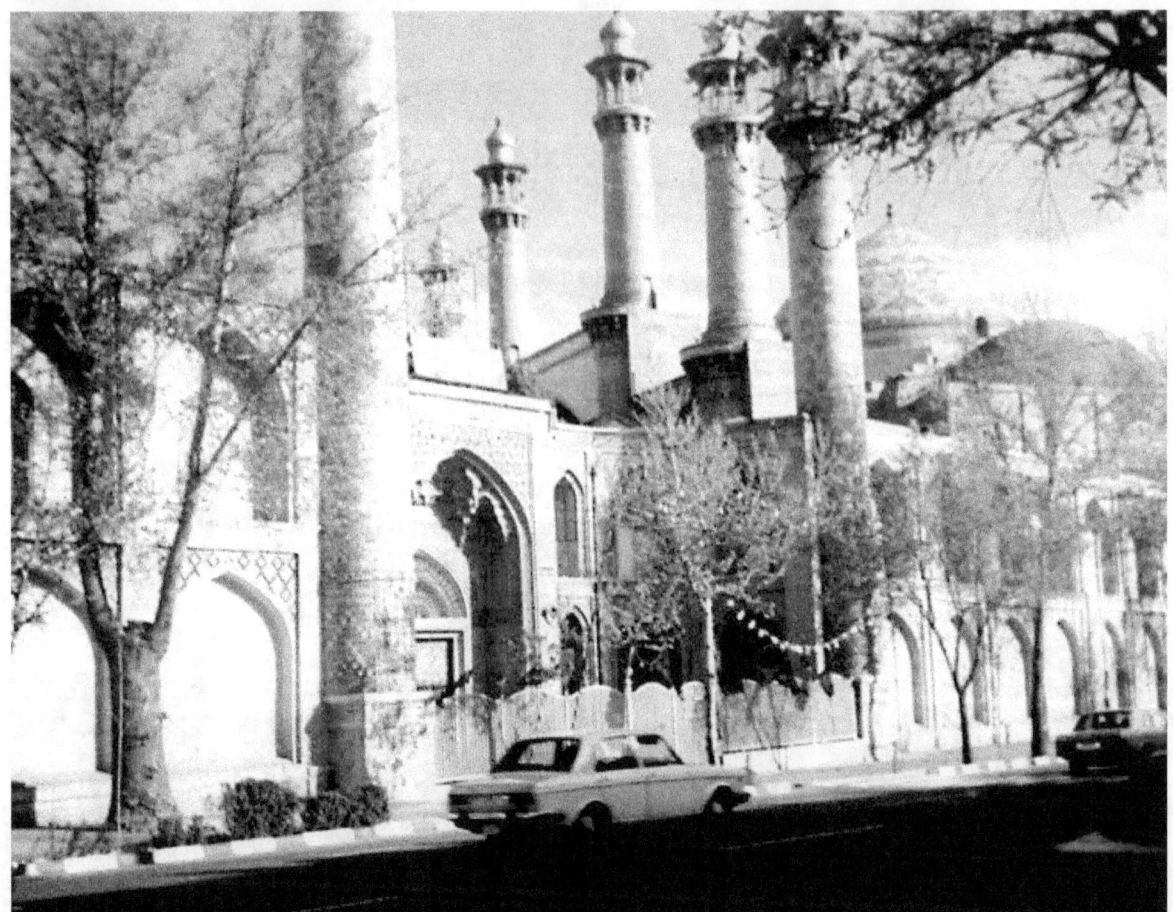

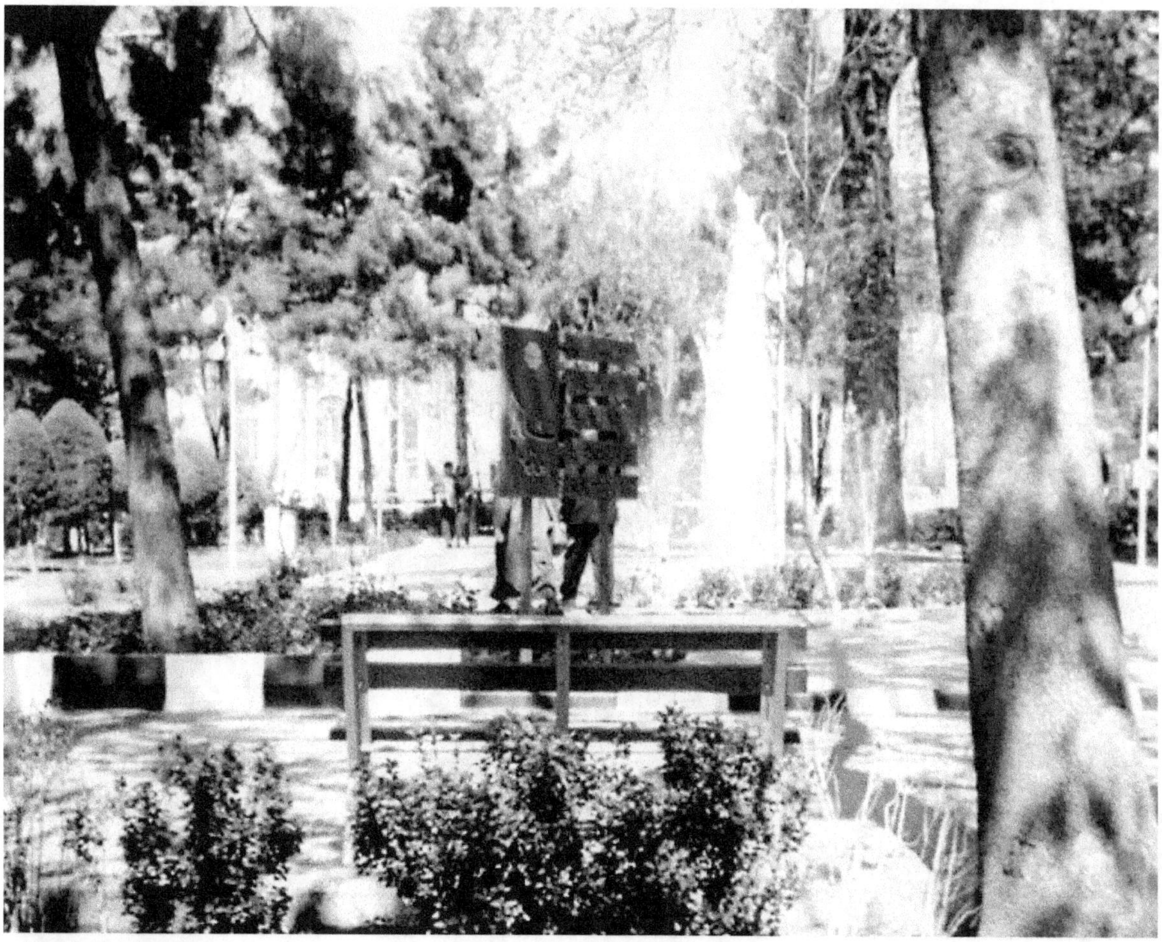

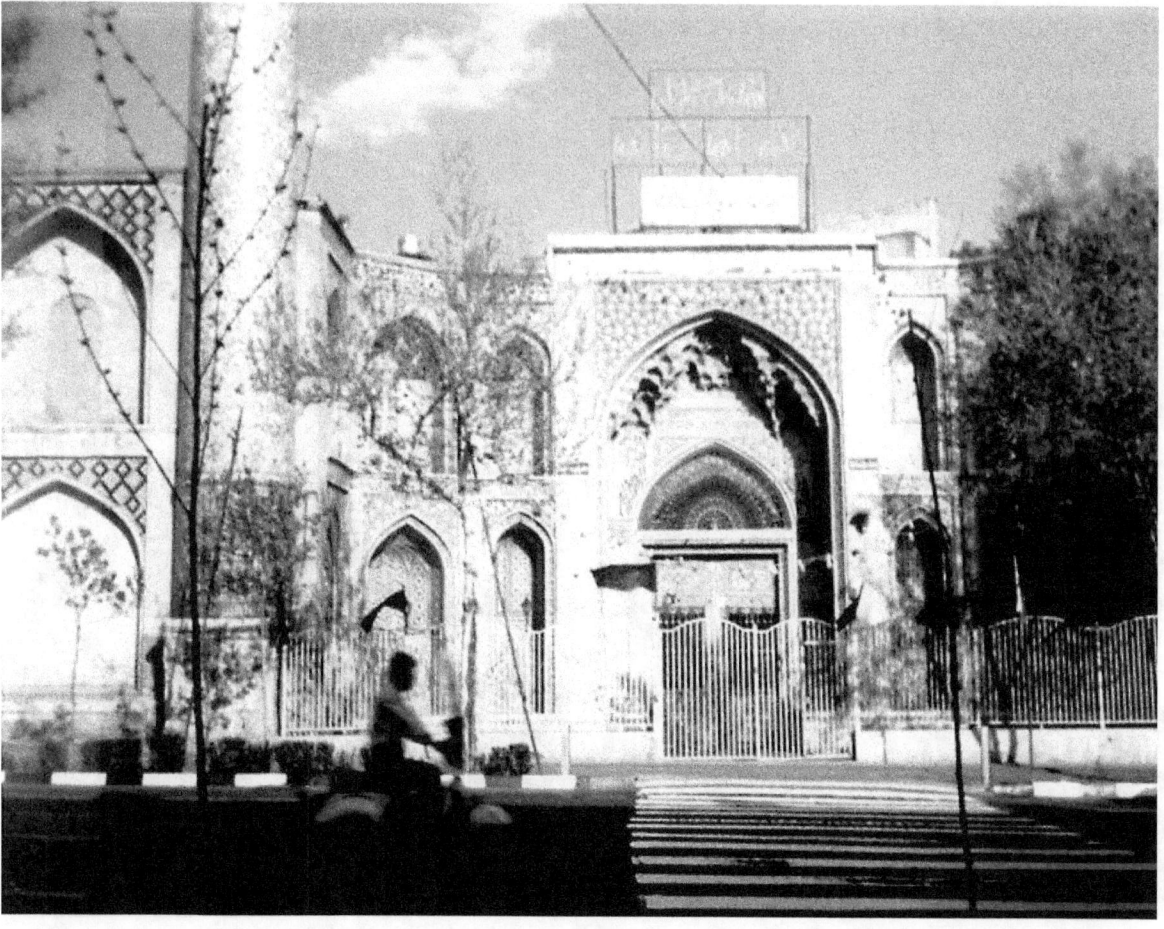

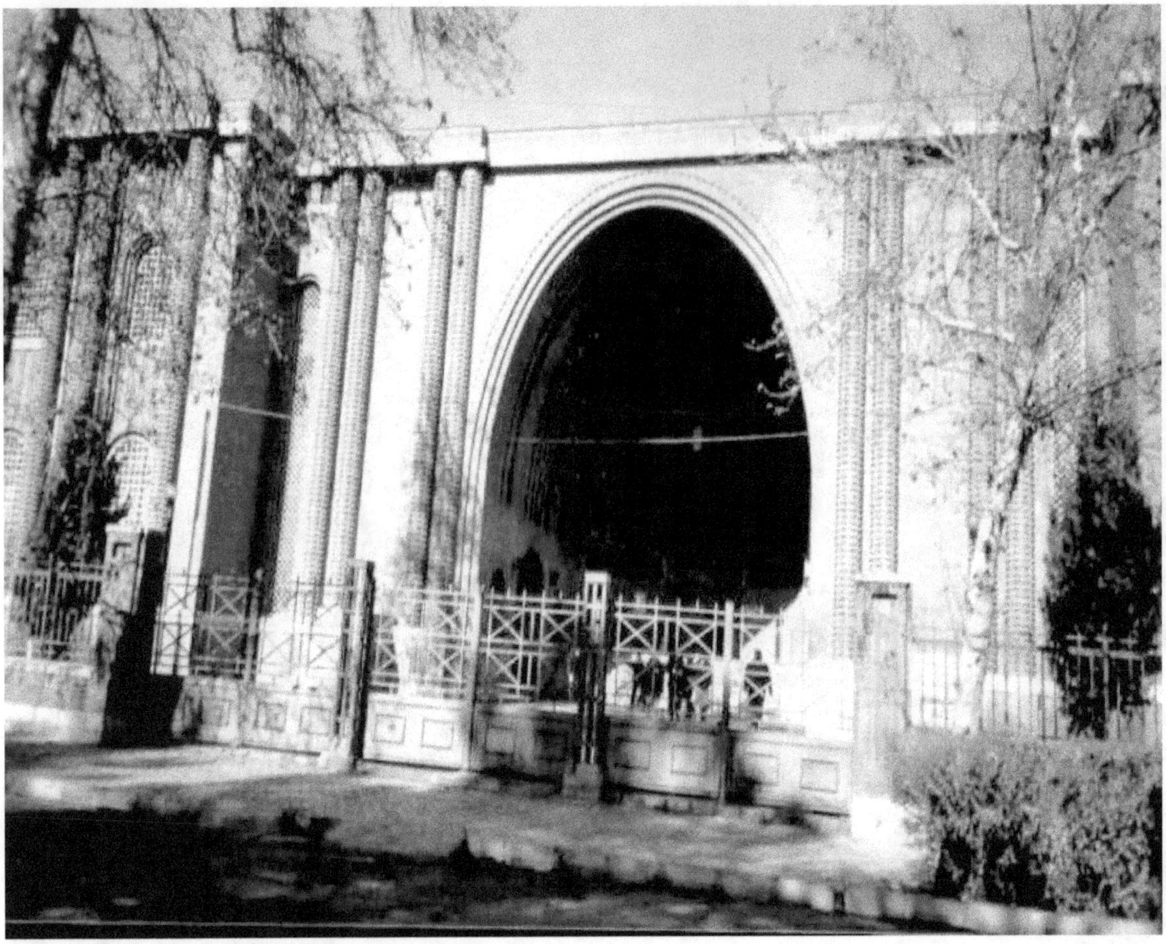

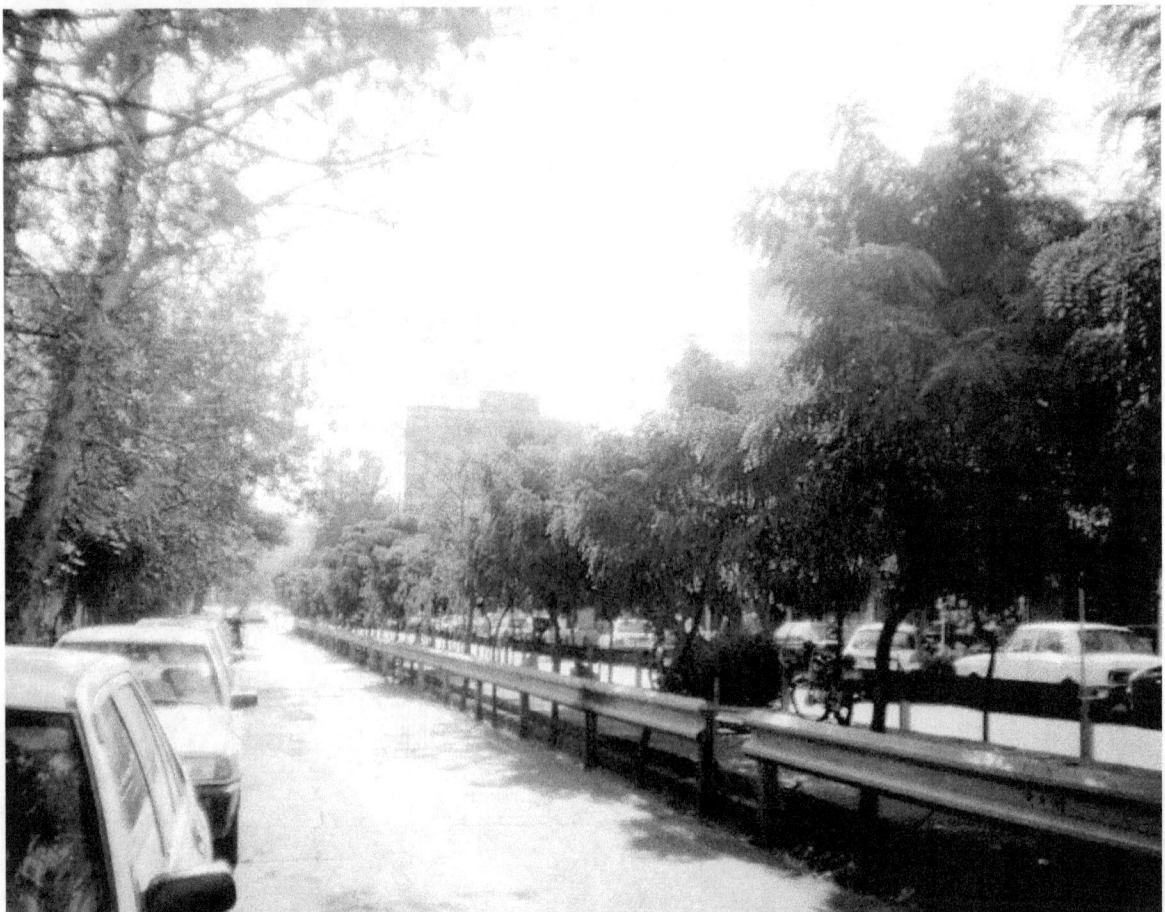

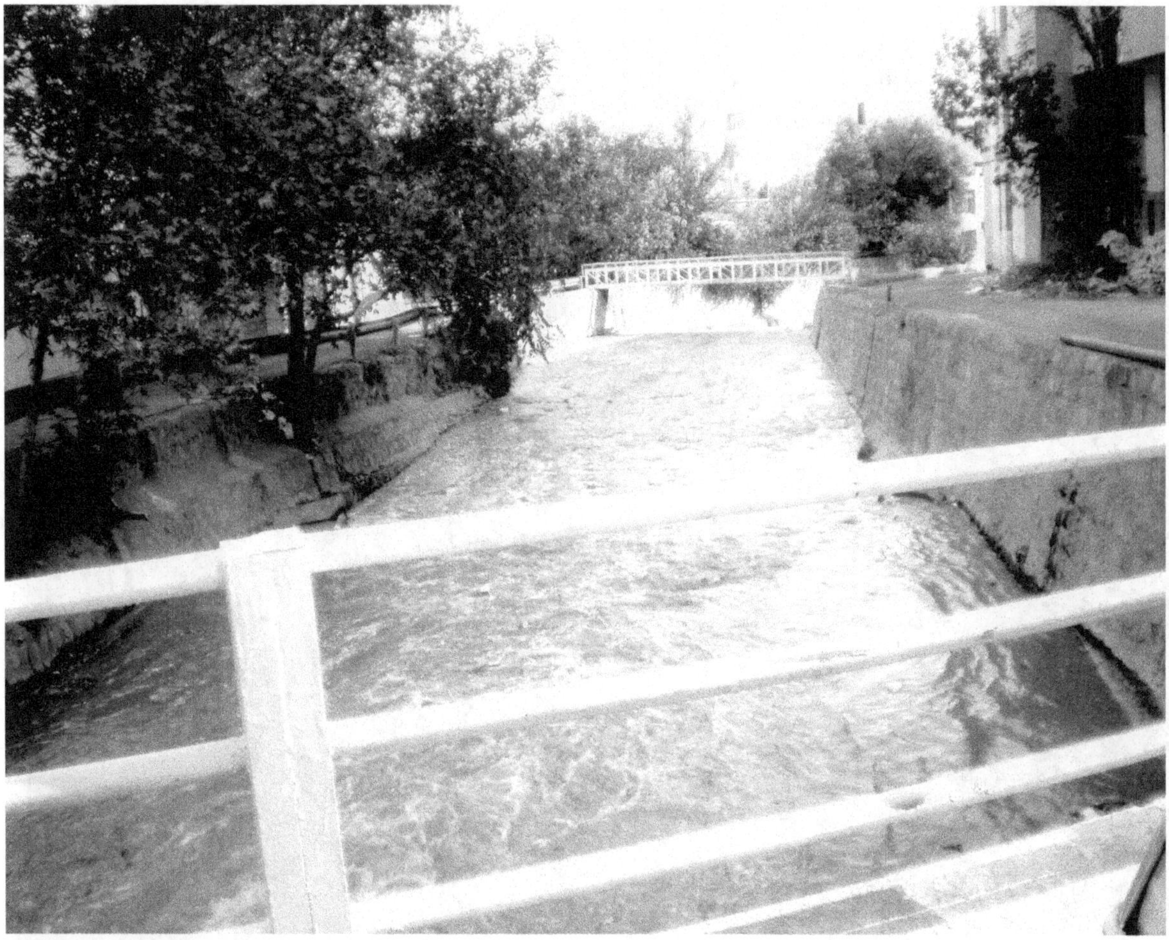

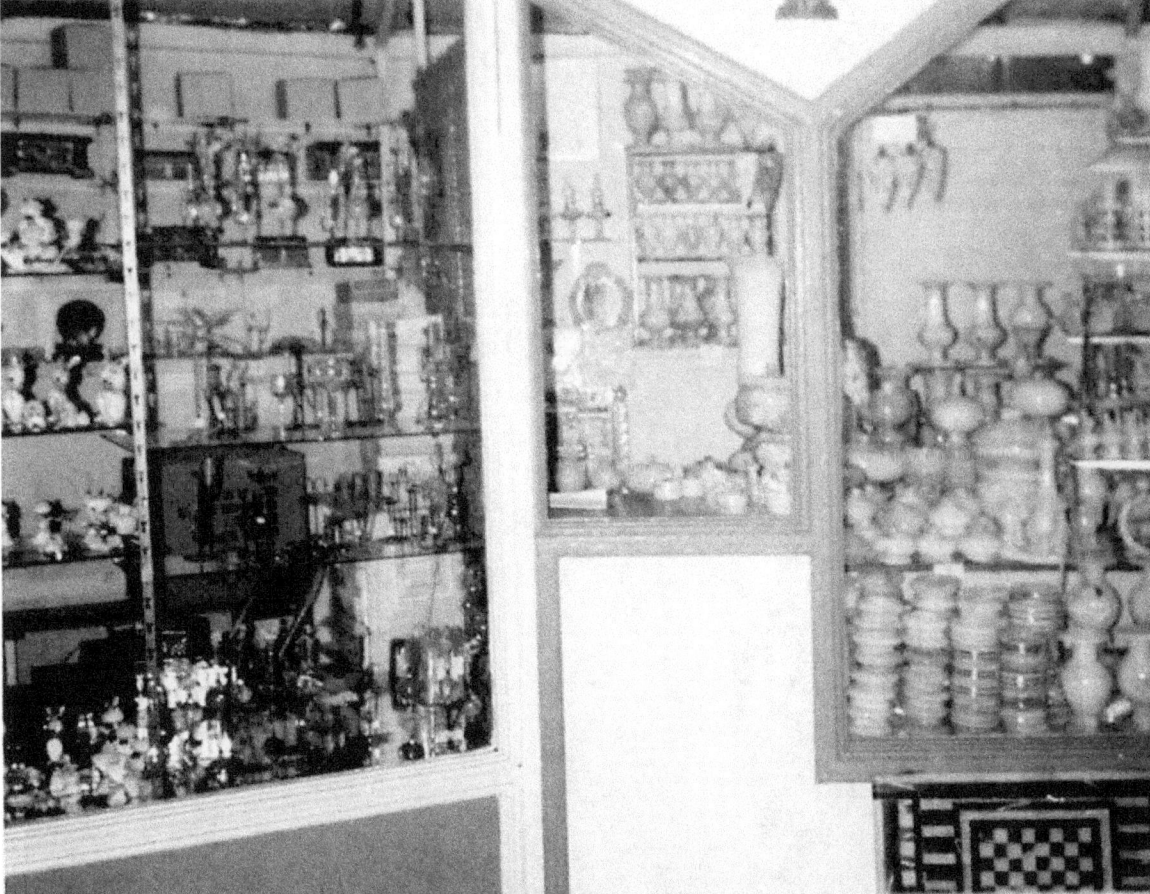

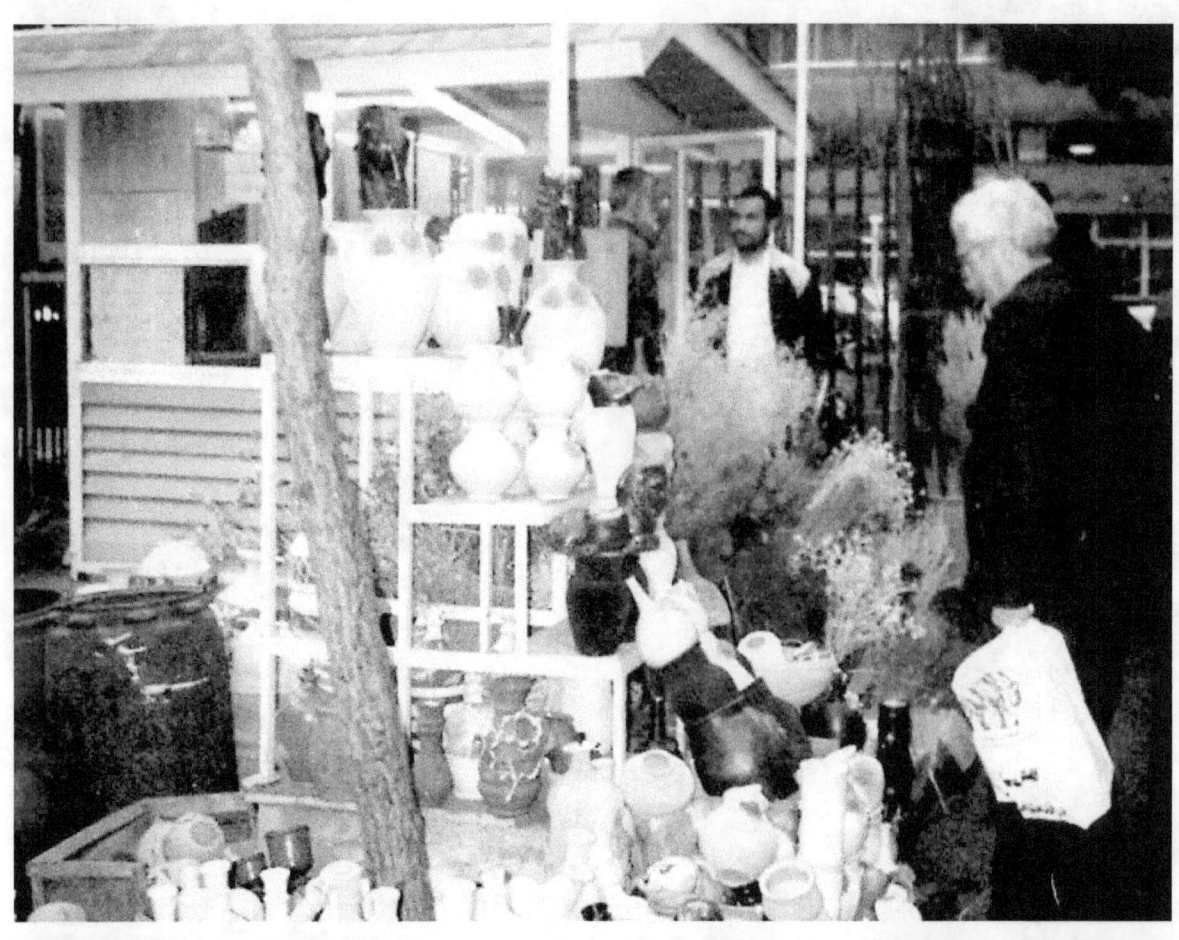

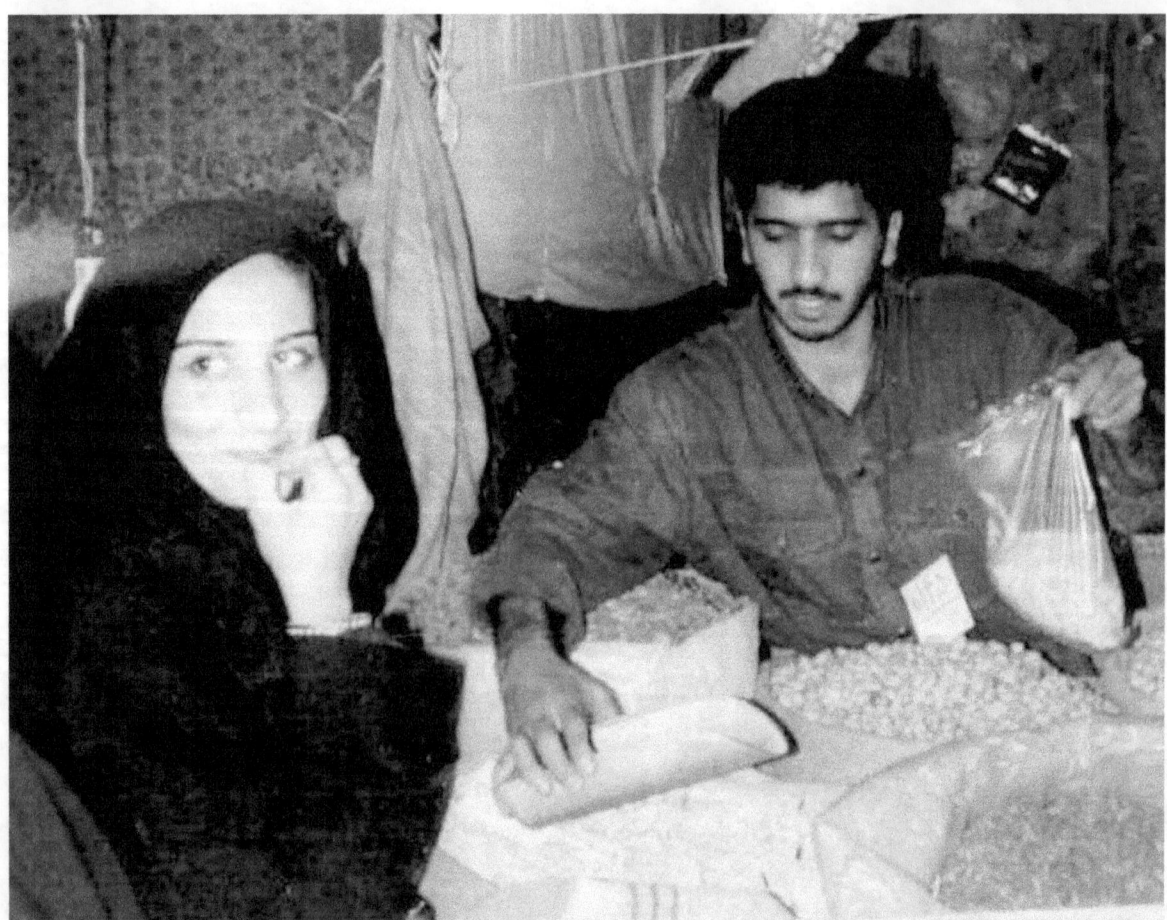

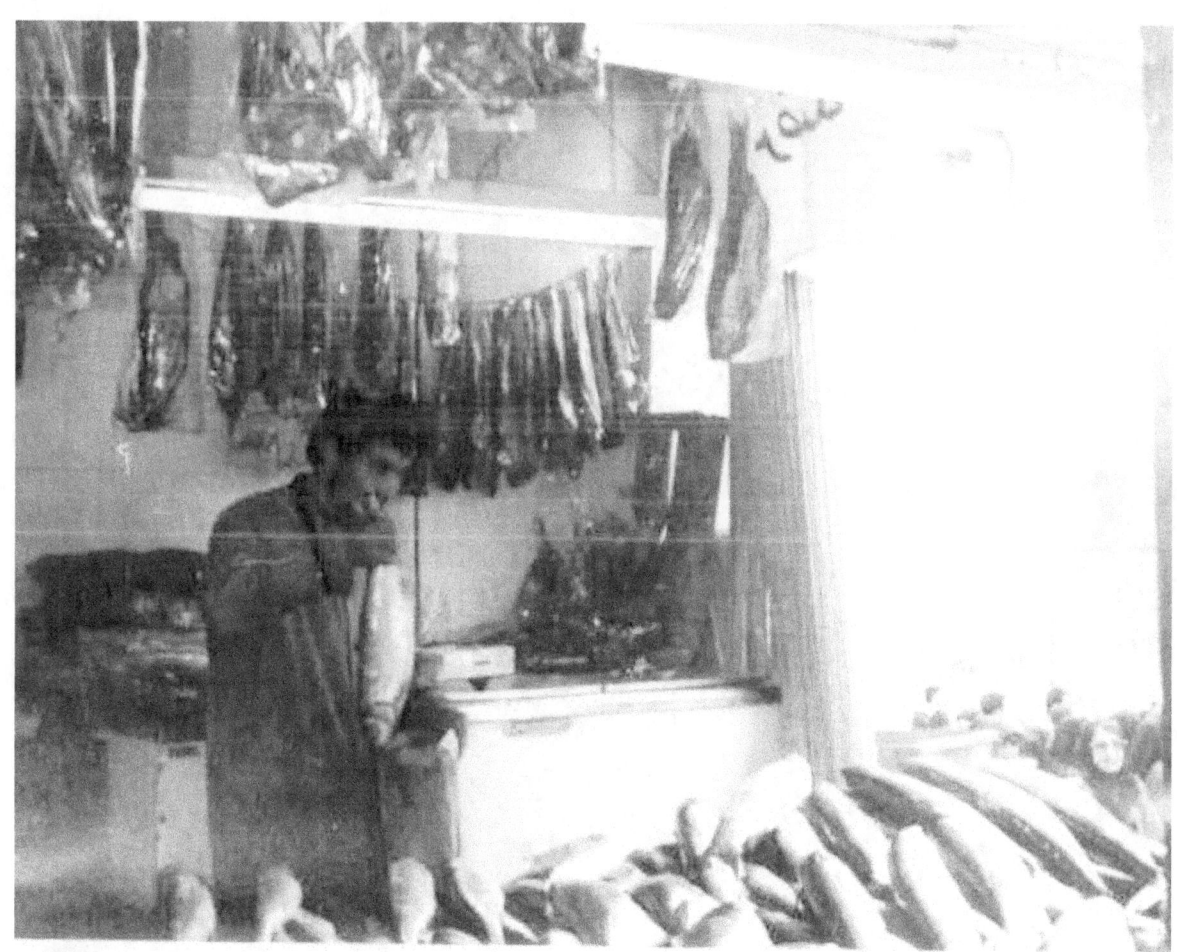

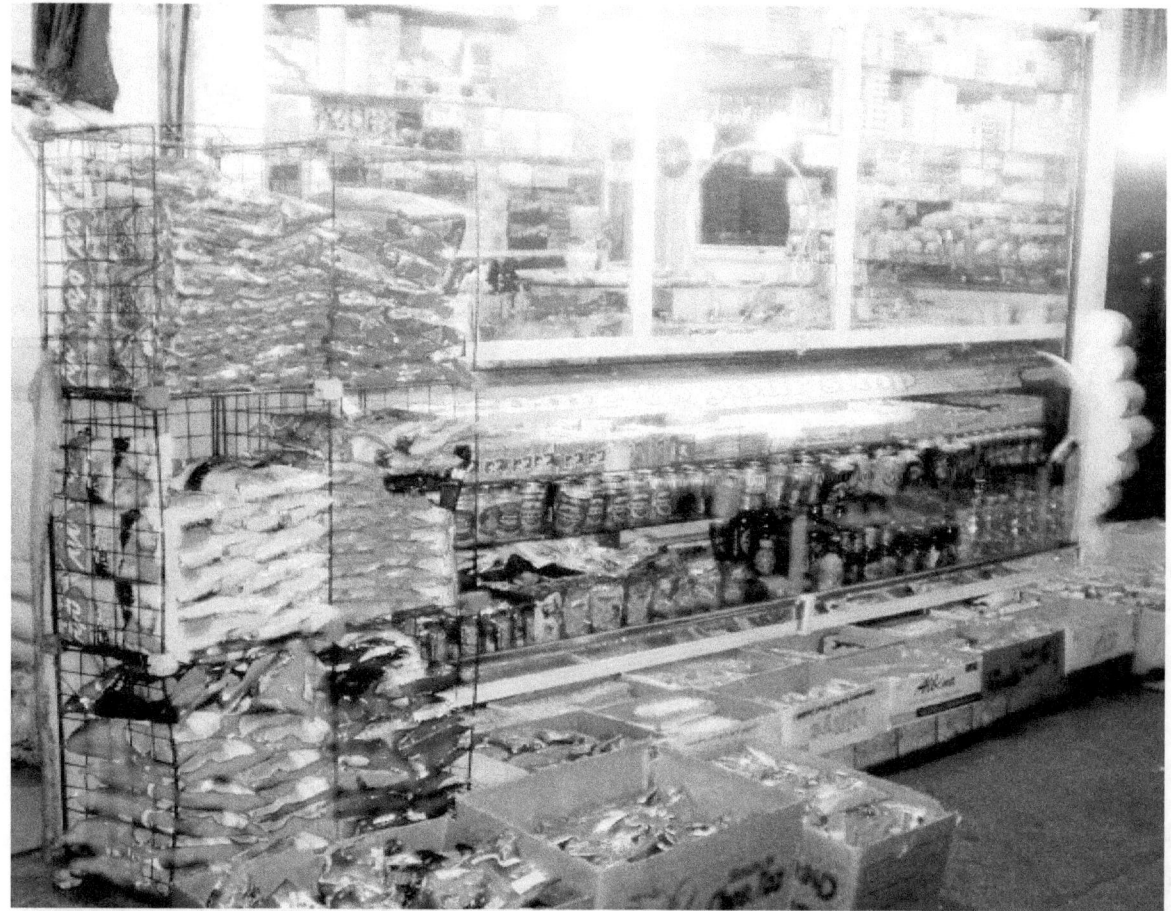

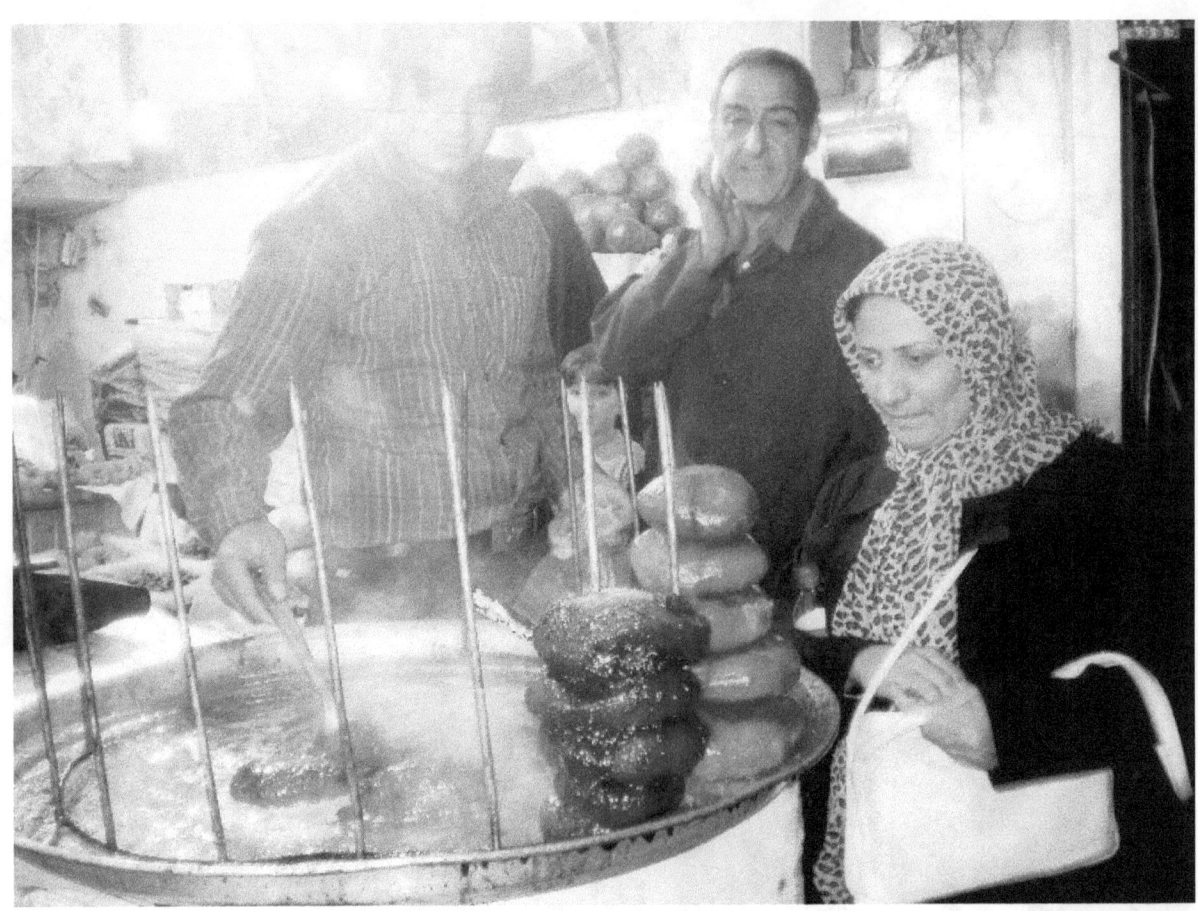

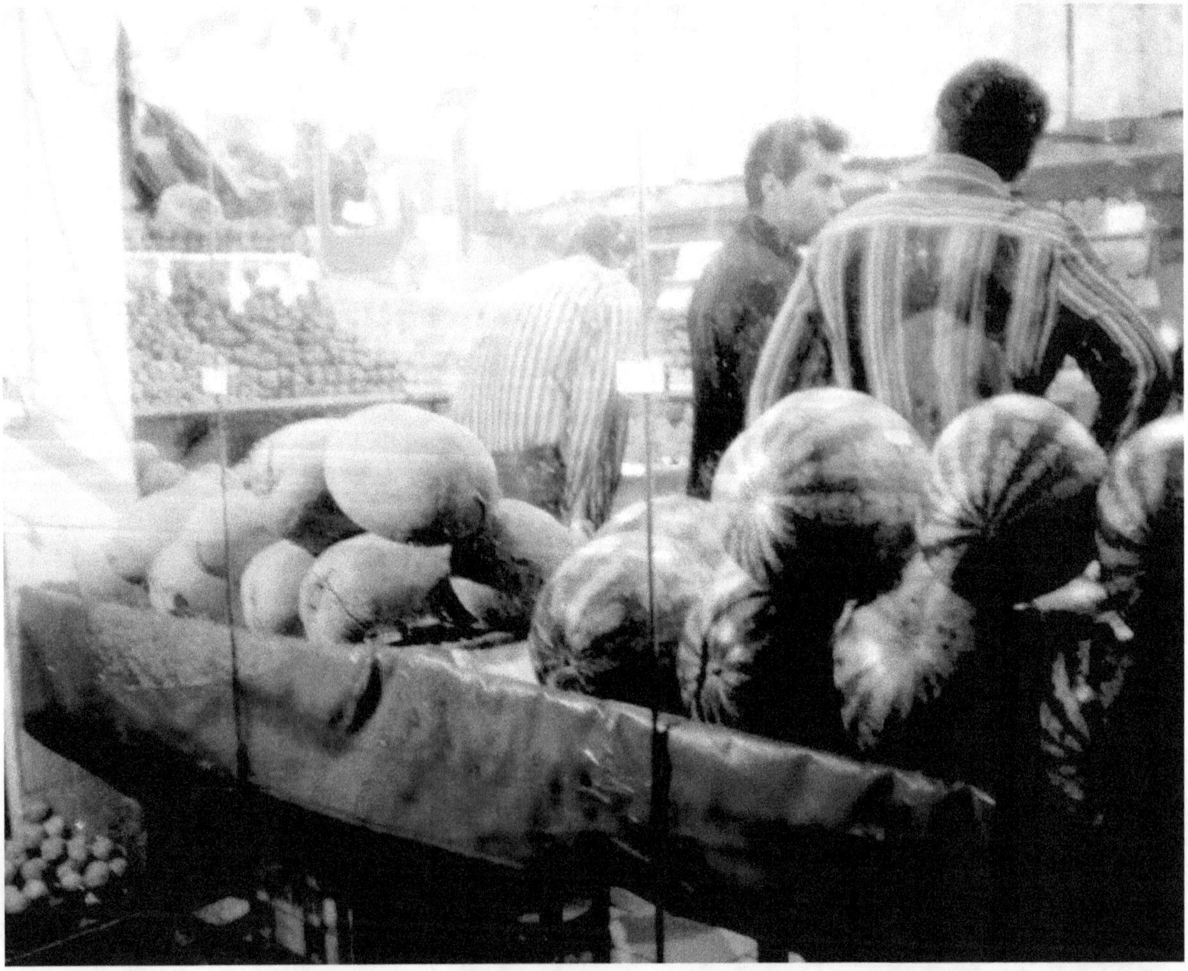

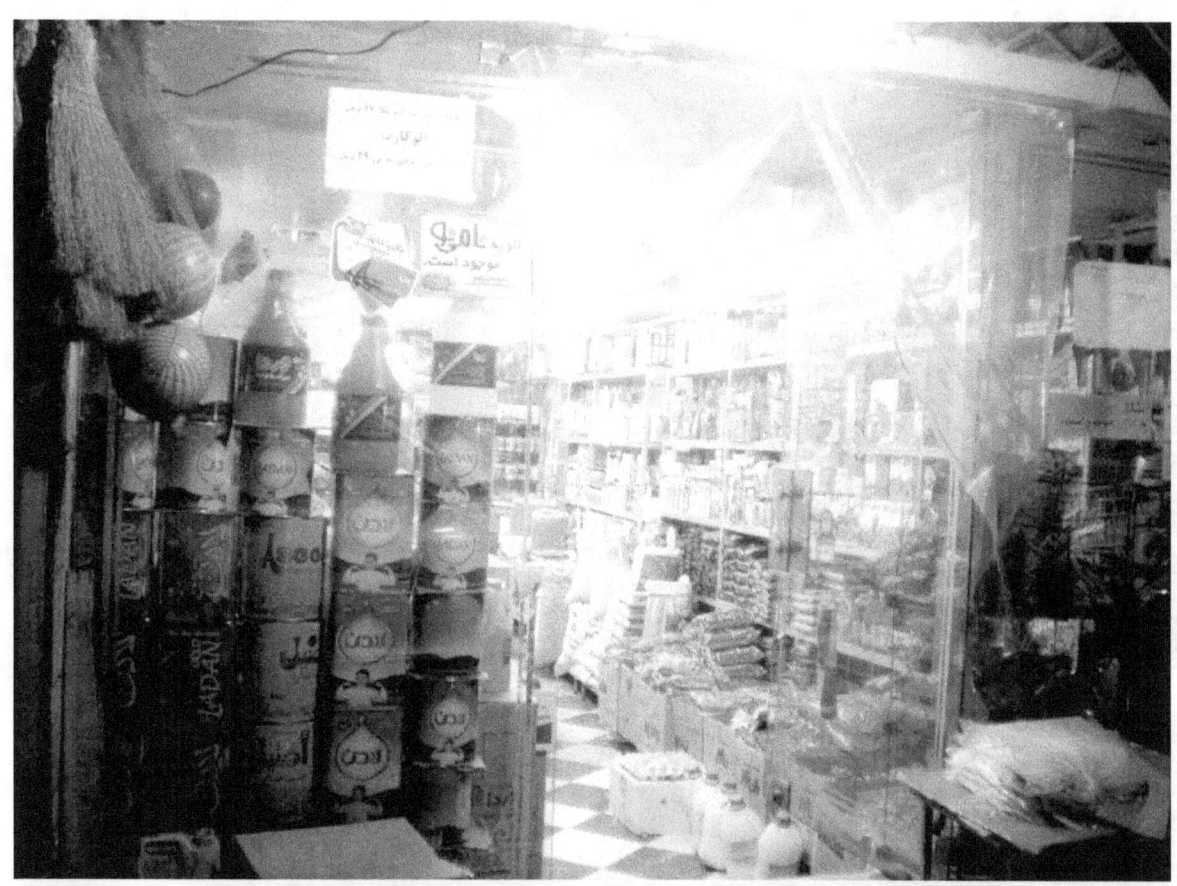

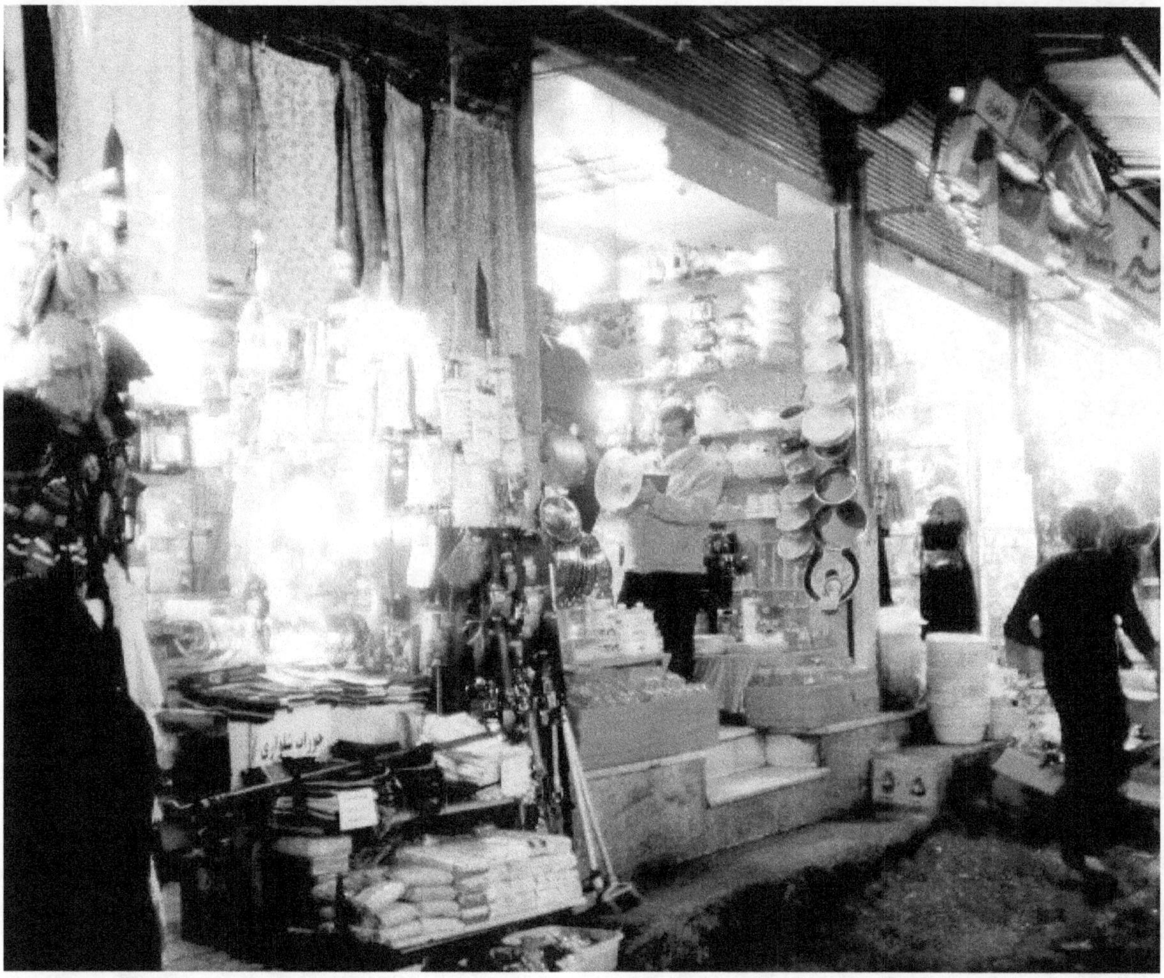

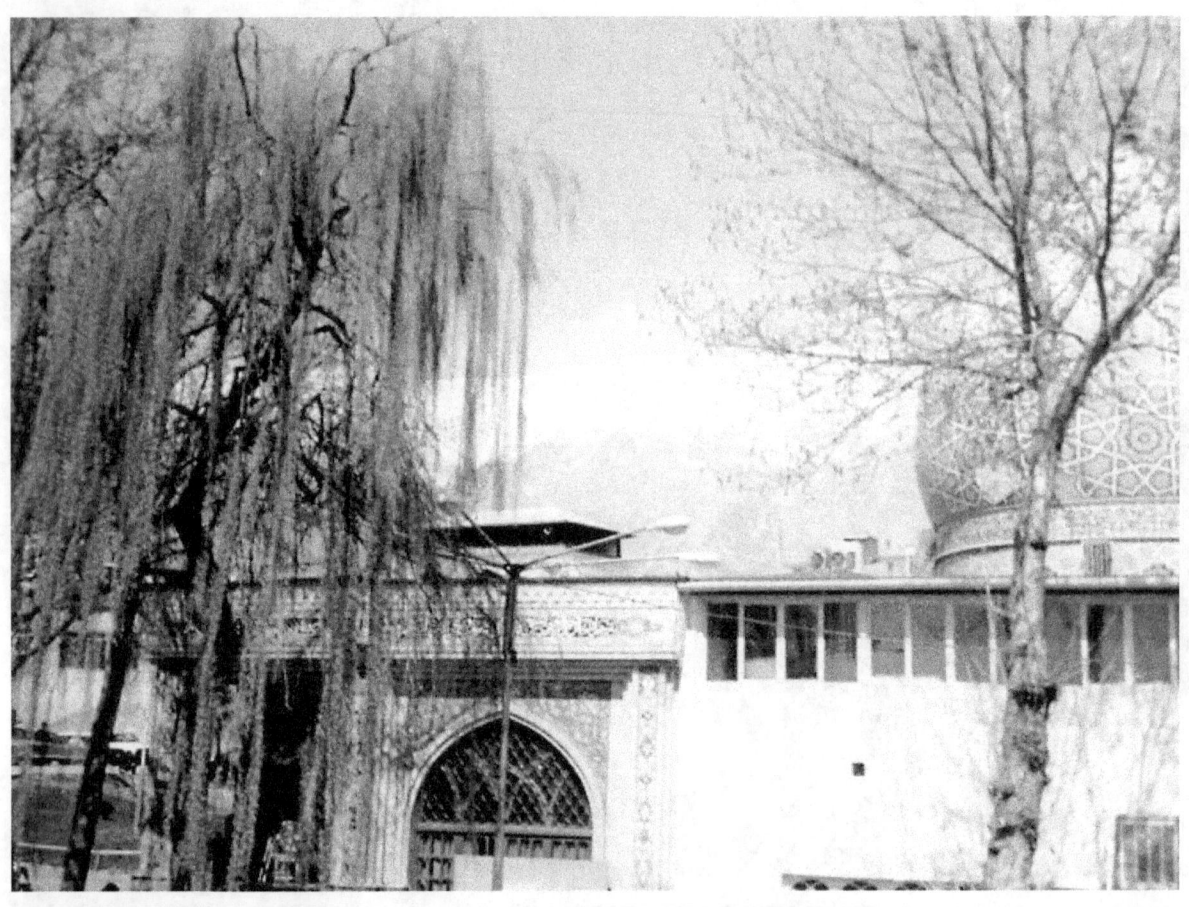

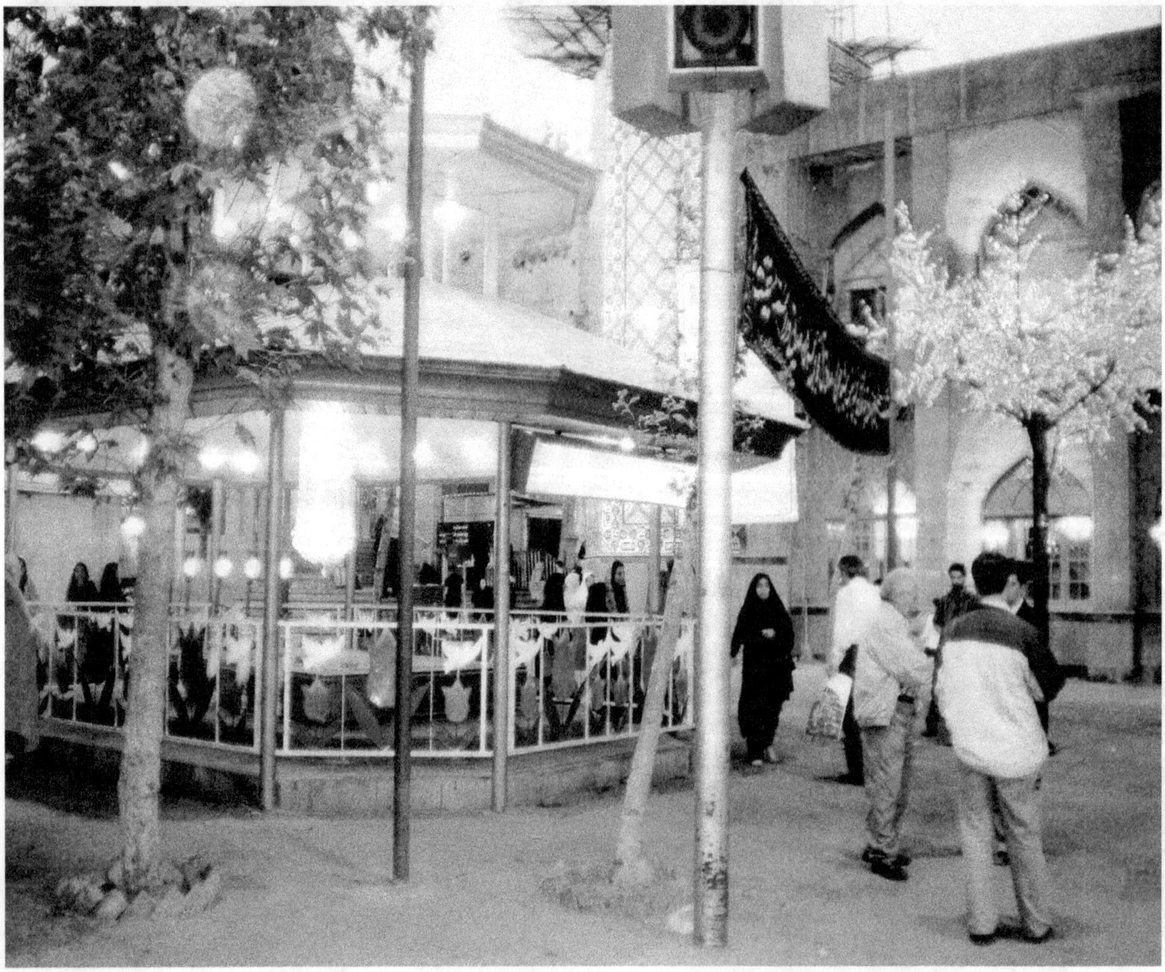

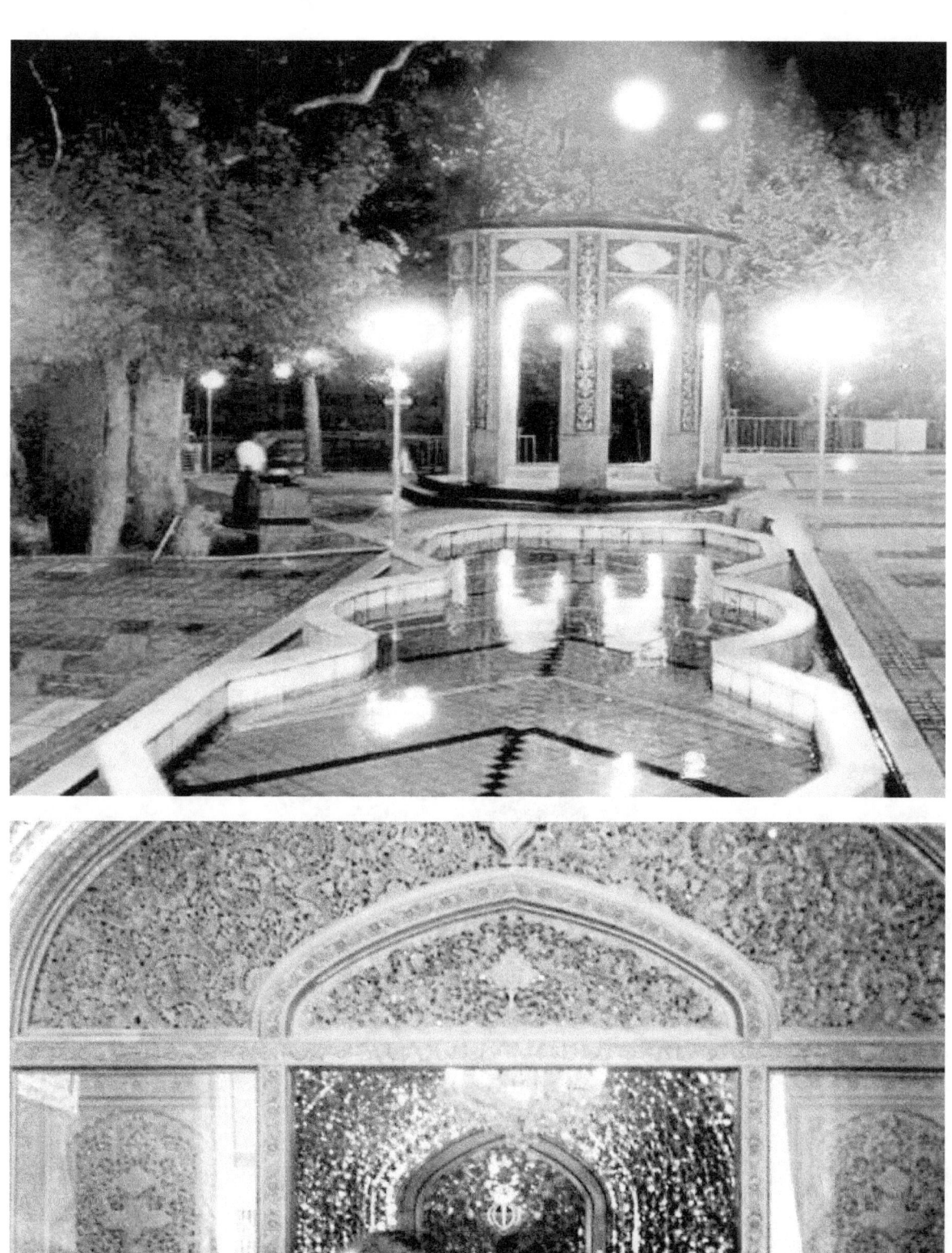

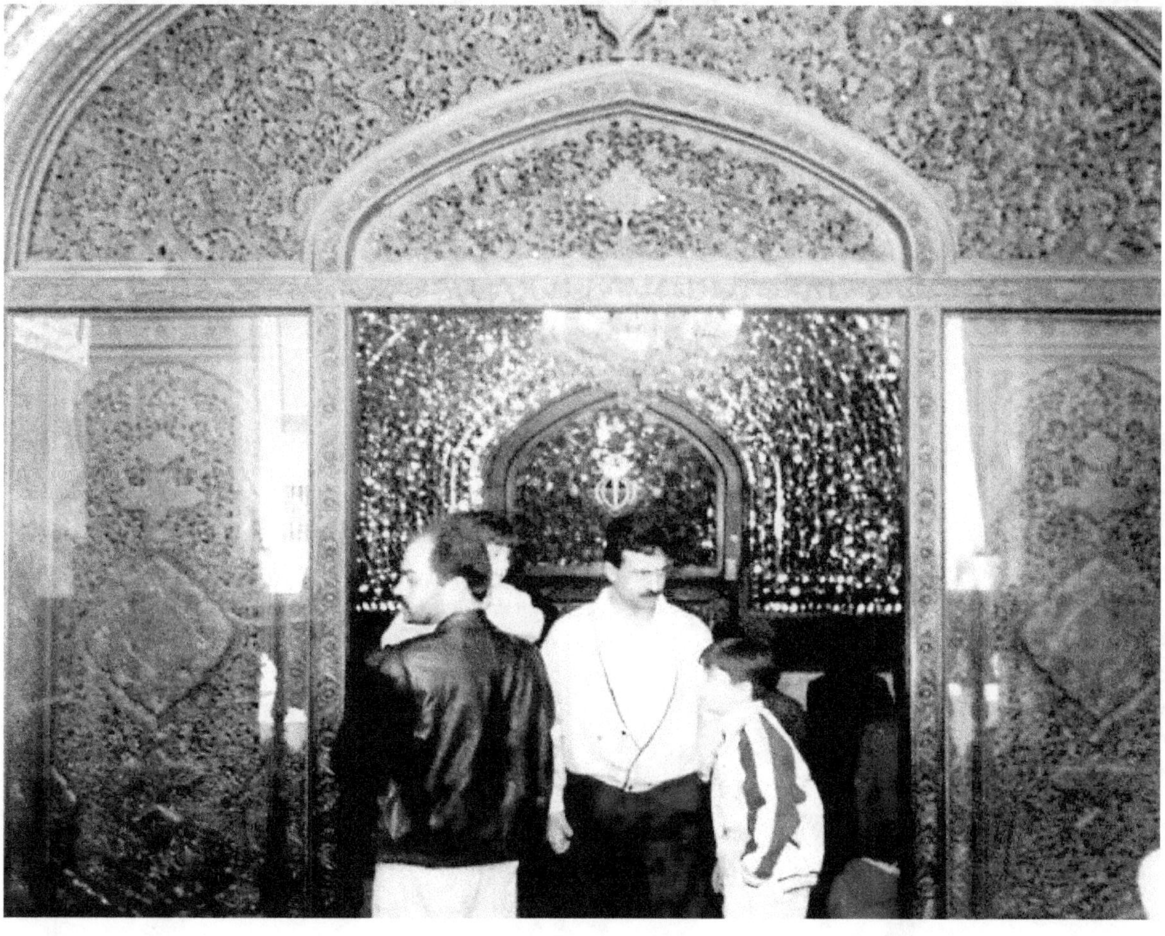

بسم الله الرحمن الرحیم
وان یکاد الذین کفروا لیزلقونک
بابصارهم لما سمعوا الذکر ویقولون
انه لمجنون وما هو الا ذکر
للعالمین

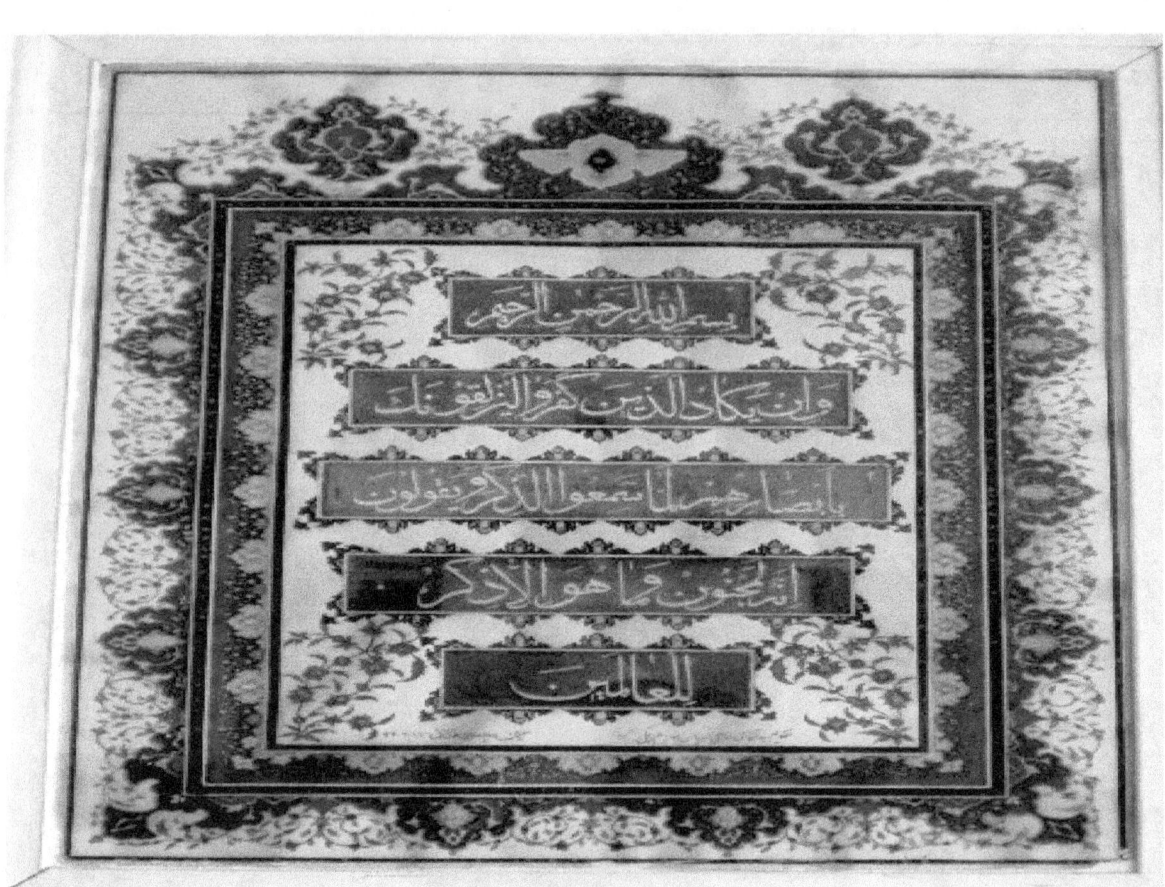

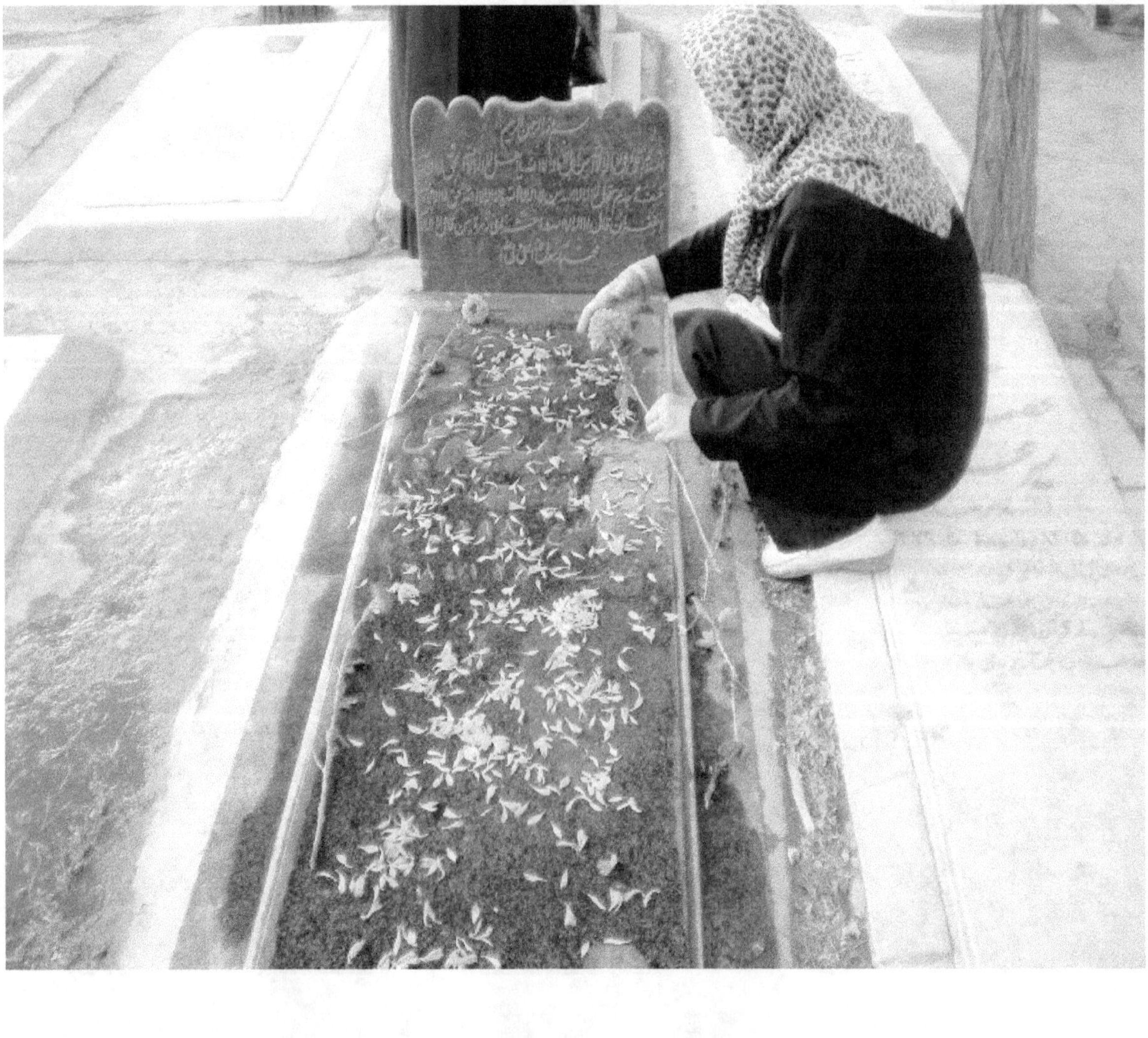

www.ingramcontent.com/pod-product-compliance
Lightning Source LLC
Chambersburg PA
CBHW080608190526
45169CB00007B/2928

* 9 7 8 1 5 3 0 3 8 2 8 3 5 *